기탄잘리

기탄잘리
Gitanjali

라빈드라나트 타고르 시집　장경렬 옮김

GITANJALI
by RABINDRANATH TAGORE (1912)

일러두기

1. 『기탄잘리』의 영어판은 타고르가 벵골어로 쓴 자신의 시편들에서 103편을 뽑아 직접 영어로 번역한 것이다. 초판은 1912년 윌리엄 버틀러 예이츠의 서문과 함께 치스윅 출판사Chiswick Press에서 한정판으로 발간되었으며, 이듬해인 1913년 맥밀란 출판 Macmillan & Co.에서 재출간되었다. 이번에 우리말 번역에 사용한 판본은 1913년 맥밀란 출판사의 것이다. 우리말 번역 뒤에 타고르가 직접 영역한 시편 전문을 실었다.

2. 벵골어의 단어 〈기탄잘리〉는 〈노래〉를 뜻하는 〈기트git〉와 〈바침〉, 〈올림〉을 뜻하는 〈안잘리anjali〉를 합친 것이다. 즉 〈노래를 바침〉의 뜻을 갖는데, 〈바침〉의 대상이 〈절대자〉 또는 〈신〉을 암시한다는 점에서 〈신에게 바치는 노래〉로 번역할 수 있다.

이 책은 실로 꿰매어 제본하는 정통적인 사철 방식으로 만들어졌습니다.
사철 방식으로 제본된 책은 오랫동안 보관해도 손상되지 않습니다.

서문
윌리엄 버틀러 예이츠

7

기탄잘리

21

Gitanjali
라빈드라나트 타고르

137

옮긴이의 말
⟨마음 깊이 울리는 음악⟩의 향연,
타고르의 『기탄잘리』

193

라빈드라나트 타고르 연보

207

서문

1.

 며칠 전 나는 벵골 출신의 저명한 의사 한 분에게 이렇게 말한 적이 있다. 「나는 독일어를 모르지만, 어떤 독일 시인의 시 번역본을 읽고 감동하게 되었다 칩시다. 그러면 나는 대영 박물관에 가서 그의 생애 및 사상적 편력에 관해 얼마간의 정보를 제공하는 영문 서적을 찾아볼 것입니다. 그런데 라빈드라나트 타고르의 시를 산문으로 번역해 놓은 이 시편들을 읽고 나는 정말로 열광하지 않을 수 없었습니다. 수년 동안 이처럼 열광한 적은 없었지요. 하지만, 누구든 인도인 여행객이 나에게 그에 관해 말해 주지 않는다면, 그의 생애나 이 같은 시를 가능케 한 생각의 흐름에 관해 나는 아무것도 알 수 없을 겁니다.」 그가 다음과 같이 말했던 것을 보면, 그에게는 내가 감동을 받는 것이 너무도 당연한 것처럼 느껴졌던 것 같다. 「나는 라빈드라나트의 시를 매일 읽습니다.

그의 시 한 줄을 읽노라면, 이 세상의 모든 근심과 걱정을 잊게 되지요.」 그의 말에 나는 이렇게 대꾸했다. 「리처드 2세가 통치하던 시절 런던에 살던 영국인에게 페트라르카나 단테의 시 번역본을 보여 주었다고 칩시다. 아마도 그는 자신이 갖는 의문에 답을 해줄 만한 책을 찾지 못했을 것입니다. 그런 까닭에 지금 내가 당신에게 묻듯 그는 플로렌스 출신의 은행가나 롬바드 출신의 상인에게 물었을 것입니다. 모르긴 해도, 이처럼 풍요롭고 소박한 이 시편들이 나오는 것을 보니, 당신의 나라에 새로운 르네상스가 시작된 것이 아닌가 합니다. 그런데 풍문을 통해서가 아니라면 그것에 관해 내가 알 길이 없군요.」 이에 그가 이렇게 대답했다. 「우리나라에는 다른 시인들도 있습니다만, 그에 필적할 만한 시인은 아무도 없지요. 그래서 우리는 우리 시대를 라빈드라나트의 시대라 부릅니다. 제가 보기에, 그가 우리들 사이에 유명한 것만큼이나 유명한 유럽인 시인이 유럽 나라들에는 없는 것 같습니다. 그는 시 분야뿐만 아니라 음악 분야에서도 탁월한 재능을 지닌 사람이지요. 그래서 그의 노래는 서부 인도 지방에서 버마에 이르기까지, 벵골어가 통하는 곳에서는 어디서나 즐겨 불리고 있습니다. 그는 첫 소설을 발표하던 열아홉 살의 나이에 벌써 유명 인사가 되었지요. 그리고 나이가 조금 더 들어서 희곡을 발표했는데, 그 작품이 여전히 캘커타에서 공연되고 있을 정도입니다. 나는 그가 살아온 삶의 완벽함에 열렬한 찬사를 보내지 않을 수 없습니다. 그는 아주 어렸을 때 자연의 사물에 대해 수많은 글을 남겼는데, 자기 집 정원에 하루 종일 앉아 있곤 했답니다. 스물다섯 살쯤 되었을 때부터 대략 서른다섯 살쯤 되었을 때까지, 깊은 슬픔을 느낄 때면 아름다운 사랑의 시를 썼지요. 우리 언어로 쓰인 시들 가운데 가장 아름다운 사랑의 시를 썼던 겁니다.」 그리고 깊은 감동에 젖어 그가 이렇게 말을 이었다. 「내 나이 열일곱 살 때 그가 쓴 사랑의 시에 내가 어찌나 감동을 받았던지, 차마 도저히 말로 표현할 수가 없군요. 그 이후 그의 예술은 더욱 심원한 것이 되어, 더할 수 없이 종교적이고 철학적인 것이 되었지요. 인류의 모든 소망이 그의 찬가에 담겨 있다고 해야 할 겁니다. 그는 우리의 성자들 가운데 삶을 부정하지 않은 최초의 인물로, 삶의 아름다움 그 자체에 대해 거리낌 없이 이야기한 분이지요. 그 때문에 우리는 그를 사랑하지 않을 수 없습니다.」 그가 조심스럽게 골라 한 말들을 내가 제대로 다 기억하지 못해 바꿔 놓은 것이 있는지 모르나, 그의 생각까지 바꿔 전하고 있는 것은 아니다. 「얼마 전 그가 우리들의 교회 어느 한 곳 — 브라마 사마지[1]에 소속되어 있는 우리는 당신들이 사용하고 있는 영어의 〈교회 church〉라는 표현을 사용합니다 — 에서 그가 종교적 의식을 주재하리라는 예고가 있었습니다. 그 교회는 캘커타에서 가장 큰 교회였는데, 어찌나 많은 사람들이 몰려왔던지 교회 창문에까지 사람들이 서 있었을 뿐만 아니라, 온 거리가 인파로 통행이 불가능할 정도였지요.」

---

[1] Brahma Samaj. 〈범교회(梵敎會)〉로 번역되기도 하며, 현대의 인도를 건설하는 데 중요한 역할을 한 영향력 있는 종교 운동 가운데 하나다.

다른 인도인들이 나를 보러 왔다가 타고르에 대한 경외의 말들을 쏟아 내기도 했는데, 우리들의 세계에서는 이 같은 경외의 말들이 기이하게 느껴지기 마련이다. 우리에게는 엄청난 일이든 사소한 일이든 관계없이 명백한 희극과 어느 정도 심각한 경멸로 수놓은 장막으로 한결같이 가려 버리는 경향이 있기 때문이다. 우리가 대성당을 지을 때 우리의 위대한 인물들에 대해 유사한 경외의 마음을 지닌 채 그런 일을 했던 적이 과연 있었을까. 어떤 인도인은 나에게 이렇게 말하기도 했다. 「내가 두 눈으로 보아 알기 때문에 말하는데, 매일 새벽 3시가 되면 그는 명상을 위해 자리를 잡고 앉아 꼼짝도 하지 않습니다. 신의 본질에 대해 골똘히 생각에 잠겨 두 시간 동안 깨어나지를 않지요. 그의 아버지는 마하리시[2]인데, 때때로 명상에 들어가 그다음 날까지 꼼짝 않고 앉아 있기도 한답니다. 언젠가 한번은 강가에서 명상에 빠져들게 되었는데, 경치가 너무 아름다웠기 때문이지요. 그리고 그가 명상에서 깨어나 여행을 다시 계속할 수 있을 때까지 배를 젓는 사람들은 여덟 시간이나 기다려야 했다고 하더군요.」 이윽고 그가 나에게 타고르 씨의 가족에 관해, 그리고 어떻게 해서 수 세대에 걸쳐 위대한 인물들이 그의 가문에서 나오게 되었는가에 관해 이야기해 주었다. 그는 이렇게 말을 이었다. 「오늘날 그 가문에는 예술가인 고고넨드라나트 타고르Gogonendranath Tagore와 아바닌드라나

2 Maha Rishi. 힌두교의 정신적 지도자.

트 타고르Abanindranath Tagore 같은 인물이 있고, 라빈드라나트의 형이자 위대한 철학자인 드위젠드라나트 타고르 Dwijendranath Tagore와 같은 인물이 있습니다. 다람쥐들이 나뭇가지에서 내려와 그의 무릎 위로 올라가기도 하고, 새들이 그의 손으로 내려와 앉기도 하지요.」 나는 이 사람들의 생각에서 가시적인 아름다움과 의미에 대한 믿음이 깃들어 있음을 감지할 수 있었다. 마치 그들은 니체의 견해 — 즉, 물리적 사물에 조만간 그 인상을 남기지 않는 윤리적 또는 지적 아름다움에 대해서는 그 어떤 신뢰의 마음도 가져서는 안 된다는 견해 — 를 떠받들고 있는 것처럼 느껴지기도 했던 것이다. 나는 이렇게 말을 이었다. 「동양인들은 어느 한 가문을 대대로 빛나게 하는 법을 알고 있는 것 같습니다. 얼마 전 어떤 박물관의 관리인이, 박물관 안에서 중국 화풍의 그림들을 정리하고 있는 약간 검은빛이 도는 피부에 키가 작은 남자를 가리키며 내게 그러더군요. 〈일본 천황을 위해 대대로 일해 온 가문 출신의 미술 감정사인데, 14대째 이 직책을 맡고 있습니다.〉」 내가 이렇게 말하자 그가 이렇게 대꾸했다. 「라빈드라나트가 소년이었을 때 그의 집 안 어디를 가도 온통 문학과 음악으로 가득 채워져 있었다고 하더군요.」 나는 타고르 시의 풍요로움과 소박함을 생각해 내고는 이렇게 말했다. 「당신의 나라에도 선동적인 글이나 비평문들이 많지 않은지요? 우리한테는 그런 종류의 글들이 너무나 많습니다. 특히 우리나라가 그러한데, 이 때문에 점차적으로 우리의 창조적 정신이 시들어 버리게 되었지만,

어쩔 도리가 없군요. 만일 우리의 삶이 이에 맞서 끊임없이 이어 나가는 전쟁이 아니라면, 우리는 감식안을 잃게 될 것이고, 무엇이 훌륭한 것인지를 알지 못하게 될 것입니다. 우리한테는 남의 말에 귀 기울이는 사람도 남의 글을 읽는 사람도 남지 않게 되겠지요. 우리 에너지의 80퍼센트는 천박한 취향과 싸우는 데 소모하고 있습니다. 그것이 우리의 마음속에 있는 것이든, 또는 타인의 마음속에 있는 것이든 말입니다.」 그가 이렇게 대꾸했다. 「이해합니다. 우리에게도 선동적인 글들이 있지요. 마을에서는 중세의 산스크리트 경전에서 따온 긴 신화적 시들이 낭송되곤 하는데, 시를 낭송하는 사람들은 때때로 그 시에다가 의무를 다해야 한다는 뜻의 구절들을 집어넣곤 하지요.」

2.

나는 이 번역 원고를 며칠 동안 가지고 다니면서, 기차를 타고 가면서 읽기도 하고, 2층 버스의 위층 좌석과 식당의 의자에 앉아 읽기도 했다. 그리고 이 원고가 나를 얼마나 감동시켰는가를 낯선 사람들이 알아차리지 못하도록 때때로 읽던 원고를 덮어야만 했다. 내 주변의 인도인 친구들이 전하는 바에 의하면, 이 서정 시편들의 벵골어 원문은 정교한 리듬과 번역이 불가능한 섬세한 색채와 독창적 운율로 가득 차 있다고 한다. 번역을 통해 확인할 수 있는 시상(詩想)의

측면에서 볼 때, 이 서정 시편들은 내가 일생 동안 꿈꾸어 왔던 세계를 보여 주고 있다. 최고의 문화가 낳은 작품들임에도 불구하고, 이들 시편은 풀잎과 골풀이 그러하듯 평범한 토양에서 발육하고 성장한 것처럼 보인다. 시와 종교 사이의 구분이 존재하지 않는 문화 전통이 수 세기에 걸쳐 이어져 오면서, 배운 사람들과 배우지 못한 사람들의 비유와 정서를 하나로 모은 다음, 학식 있는 사람들과 고귀한 사람들의 생각을 다시 대중에게 되돌리고 있는 것이다. 만일 벵골의 문명이 깨어지지 않은 채 존속한다면, 누군가가 예측하듯 모든 이의 마음을 관통하는 공통의 정신이 우리의 정신이 그렇게 된 것처럼 잘게 부서져 서로에 대해 아무것도 모르는 여러 개의 정신으로 나뉘지 않는다면, 이들 시편에서 감지되는 최상의 섬세한 시적 표현들조차 몇 세대 안에 노상에서 구걸하는 이들의 소유물이 될 수도 있을 것이다. 오로지 하나의 정신이 영국에 존재했을 때 초서는 『트로일러스와 크리세이드』[3]를 썼고, 비록 눈으로 읽든 소리 내어 읽든 모든 사람이 읽어 주기 바라는 마음에서 작품을 썼지만, 우리 시대가 너무도 빨리 오는 바람에 그의 작품은 잠시 동안만 음유 시인들에 의해 낭송되었을 뿐이다. 초서의 선구자들과 마찬가지로 라빈드라나트 타고르는 자신의 말을 위해 음악을 만들었

---

3 *Troilus and Criseyde*. 희랍 신화에 따르면, 트로이의 왕 프리암의 아들 트로일러스는 크리세이드라는 여인과 사랑에 빠지지만, 크리세이드가 변심하는 바람에 실연의 아픔을 겪는다. 이 이야기를 소재로 하여 초서가 쓴 작품이 『트로일러스와 크리세이드』이다. 같은 소재를 다룬 작품으로, 셰익스피어의 『트로일러스와 크레시다 *Troilus and Cressida*』가 있다.

으며, 누구든 그가 풍요로운 시인이자 자연 발생적으로 노래하는 시인임을, 열정의 면에서 대담한 시인이자 경이로움으로 가득 찬 시인임을 즉각적으로 알아차리게 된다. 왜냐하면 그는 결코 낯설어 보이고 부자연스러운 시를 쓰지도 않고, 무언가를 방어하기 위해 시를 쓰지도 않기 때문이다. 이들 시편은 멋지게 인쇄된 자그마한 시집에 담겨 숙녀들의 탁자를 장식하는 그런 것으로 남지 않을 것이다. 나른한 손길로 시집을 펼쳐 들고는 아무런 의미도 없는 삶에 대해 탄식하는 숙녀들, 하지만 그처럼 의미도 없는 삶이 삶에 대해 알 수 있는 것이라고는 전부인 숙녀들을 위한 시편들이 아니다. 또한 대학의 학생들이 들고 다니다가 삶의 과업을 시작할 무렵 손에서 놓아 버릴 만한 시집의 시편들도 아니다. 여러 세대를 걸쳐 세월이 흐르는 동안, 길을 따라 여행하는 나그네들과 강을 따라 배를 저어 가는 사람들이 낮은 가락으로 노래할 그런 시편들인 것이다. 그리고 서로를 기다리는 연인들이 나지막하게 읊조릴 그런 시편들이다. 연인들은 신에 대한 이 사랑의 시편들이 마법의 만(灣)임을, 자신들의 쓰라린 열정을 담가 식힘으로써 젊음을 다시 회복할 수 있게 하는 만임을 확인하게 될 것이다. 매 순간 이 시인의 마음은 이 같은 나그네들과 연인들이 그의 마음을 이해하리라는 것을 잘 알고 있기 때문에, 밖으로 넘쳐 흘러나와 온전한 상태로 거칠 것 없이 그들에게 다가갈 것이다. 그리고 시인의 마음은 곧 그들이 살아가는 삶의 정황으로 채워지게 될 것이다. 흙먼지가 눈에 띄지 않도록 적갈색의 옷을 걸치고 있는 나그네, 고귀한 신분의 연인을 장식하던 화환에서 떨어진 꽃잎을 찾아 잠자리를 살펴보는 소녀, 빈집에서 주인이 돌아오기를 기다리는 하인이나 신부는 신을 향하고 있는 마음의 표상(表象)들이다. 꽃과 강, 소라고둥 나팔이 내는 소리, 인도의 7월을 장식하는 폭우, 또는 타는 듯한 열기, 이는 다 사랑하는 사람과 함께하거나 헤어져 있을 때 그 마음이 느끼는 정조를 표상화한 것들이다. 아울러, 중국화에 등장하는 신비로운 의미로 가득 찬 인물들이 그러하듯 류트를 타면서 강 위의 배 안에 앉아 있는 사람은 다름 아닌 신(神)이다. 우리에게 헤아릴 수 없이 기이하게 느껴지는 온갖 사람들과 문명 전체를 동원하여 이 상상의 세계를 조성해 놓은 것처럼 보이지만, 우리의 마음이 움직이는 것은 기이함 때문이 아니라, 마치 로세티[4]의 버드나무 숲을 거닐 듯 그의 시 세계에서 우리 자신의 이미지와 마주하고 있기 때문일 것이다. 또는 마치 꿈속에서 듣듯 아마도 문학을 통해서는 최초로 우리 자신의 목소리를 듣고 있기 때문일 것이다.

유럽의 성자들이 남긴 글들은, 아무리 그들의 비유 및 사유의 일반 구조가 우리에게 친숙하다 해도, 르네상스 이후에는 더 이상 우리의 주목을 끌지 못하고 있다. 우리는 결국 이 세상을 버리고 떠나야 한다는 사실을 알고 있고, 피로에 젖어 있는 순간에든 기분이 고양되어 있는 순간에든 자진해서 이 세상을 버리고 떠나야겠다는 생각을 습관적으로 하곤 한

---

[4] Dante Gabriel Rossetti(1828~1882). 전기 라파엘파의 시인이자 화가. 1869년에 소네트 모음집인 『버드나무 숲Willowwood』을 출간했다.

다. 하지만 그처럼 많은 시를 읽고, 그처럼 많은 그림을 감상하고, 그처럼 많은 음악을 즐김으로써, 육체의 외침과 영혼의 외침이 하나인 것처럼 보이는 광활한 예술 세계를 체험한 우리가 어찌 거칠고 무례하게 이 세상을 버리고 떠날 수 있단 말인가. 스위스의 호수들이 보여 주는 아름다움에 눈길을 보내지 않기 위해 눈을 가렸던 성 베르나르[5]와 우리 사이에, 또는 요한 계시록의 격렬한 수사(修辭)와 우리 사이에 도대체 공통점이라는 것이 있기나 한가. 할 수만 있다면 우리는 이 책에서 시인이 그러하듯 정중함이 가득 담긴 말을 찾고자 할 것이다. 「이제 나는 떠날 허락을 받았으니, 나의 형제들이여, 나에게 작별 인사를 해다오! 그대들 모두에게 고개 숙여 인사하고, 나는 이제 길을 떠나런다./여기 내 집의 열쇠들을 돌려주마. 나는 내 집에 대한 모든 권리를 포기하고자 한다. 그대들에게 내가 원하는 것은 다만 마지막 정다운 작별의 말뿐!/우리는 오랫동안 이웃해서 살았고, 나는 내가 받을 수 있는 것보다 더 많은 것을 그대들에게서 받았지. 이제 날은 밝았고, 나의 어두운 구석을 밝혀 주던 등불도 꺼졌구나. 소환장이 도착했고, 이제 나는 떠날 채비가 다 되었

---

5 Bernard de Clairvaux(1091~1153). 프랑스의 신학자. 1174년 교황 알렉산더 3세에 의해 성자의 반열에 올랐다. 예이츠의 글에 나오듯, 세속적인 아름다움에 대해 신경을 쓰지 않았으며, 스위스의 아름다운 호수들에 눈길을 주었을 때 느끼는 감각적 즐거움에 빠져들지 않기 위해 눈을 가렸다고 한다. 이러한 그의 성품을 반영하듯, 그가 수도원장으로 있던 수도원에는 십자가의 예수를 제외하고는 아무런 장식도 없었다고 한다. Paul L. Williams, *The Complete Idiot's Guide to the Crusades*(Indianapolis, IN: Alpha Books, 2002), p. 131 참조.

다.」 아울러, 〈그리고 나는 이 생명을 사랑하기에 죽음 역시 마찬가지로 사랑할 것임을 알고 있습니다〉하고 외치고자 하는 것이 우리 자신 — 토마스 아 켐피스[6]나 십자가의 성 요한[7]에게서 아주 멀리 떨어져 있을 때의 우리 자신 — 의 심정이다. 하지만 이 시집을 통해 시인이 깊이 헤아리고 천착하는 것은 오로지 죽음과 이별에 관한 우리의 생각들뿐만이 아니다. 우리는 우리가 신을 사랑한다는 사실을 의식하지 못한 채 살아왔으며, 신에 대한 믿음을 거의 지니지 않은 채 살아왔던 것도 사실이다. 하지만, 우리의 삶을 되돌아보면, 숲 속의 오솔길을 탐색하는 가운데, 언덕의 외딴 장소를 찾아 기쁨을 느끼는 가운데, 사랑하던 여인들에 대해 헛된 주장을 하는 가운데, 우리도 모르게 작용하는 이 감미로운 느낌이 우리의 감정 속에서 싹트고 있었음을 확인하게 된다. 「나의 왕이여, 님을 초대하지 않았지만, 님은 내가 알지 못하는 사이 평범한 사람들 가운데 한 사람의 모습으로 내 마음을 찾아오셔서, 덧없이 흘러가는 내 삶의 수많은 순간에 영원의 각인을 새겨 놓으셨습니다.」 이는 결코 골방 생활과 채찍질[8]이 가져다주는 신성함이 아니다. 이는 다만 이를테면 흙먼지

---

6 Thomas à Kempis(?1380~1471). 중세 후기의 수도사. 신앙에 관한 기독교 서적으로 가장 유명한 것 가운데 하나로 꼽히는 『그리스도 따라 하기 *The Imitation of Christ*』의 저자이다.

7 Saint John of the Cross(1542~1591). 스페인 출신의 성자. 1726년 교황 베네딕트 13세에 의해 성자의 반열에 올랐다. 신비주의적 스페인 문학의 정상으로 여겨지며, 반(反)종교개혁을 주도한 인물 가운데 하나이다.

8 앞서 말한 기독교의 성자들이 골방에 틀어박혀 생활하거나 채찍질로 자신을 학대하면서 수도 생활을 했던 것을 암시함.

와 햇빛을 그리는 화가의 마음으로, 좀 더 강렬한 화가의 마음으로 이끌려 올라갈 때 느끼는 신성함이다. 그리고 이와 유사한 목소리를 찾고자 할 때 우리는 격동의 우리 역사에서 그처럼 이방인과도 같은 존재였던 성 프란체스코[9]를, 그리고 윌리엄 블레이크[10]를 찾는다.

3.

우리는 책에 담을 내용의 대체적인 윤곽에 대해 확신을 갖게 되면, 글을 쓰는 일이 즐거운 일임을 확인케 하는 요소라고는 아마도 어디에서도 찾아볼 수 없을 그런 기나긴 책을 써낸다. 마치 우리가 싸우고 돈을 벌고 우리 머리를 정치로 가득 채우듯 말이다. 이 모두가 다 지겨운 일들이 아닌가. 반면, 타고르는 인도의 문화 자체가 그러해 왔듯 영혼을 발견하고 그 영혼의 자연스러운 움직임에 기꺼이 자신을 내맡겨 왔다. 그는 때때로 자신의 삶을 타인의 삶 — 말하자면, 좀 더 우리의 방식에 맞춰 살아온 사람들의 삶, 그리고 겉으로 보아 이 세상에서 좀 더 큰 비중을 지닌 사람들의 삶 — 과 대비하고 있는 것처럼 보인다. 그리고 그와 같은 대비를 하더라도 항상 겸손하게 한다. 마치 그가 취하는 길은 그 자신

---

[9] San Francesco d'Assisi(1182~1226). 이탈리아 출신의 성자. 1228년 교황 그레고리 9세에 의해 성자의 반열에 올랐다. 〈작은 형제회〉로 알려져 있는 프란체스코회의 창립자이다.

[10] William Blake(1757~1827). 영국의 낭만주의를 대표하는 시인.

에게만 최상의 것임을 확신할 뿐이라는 듯 말이다. 「집으로 돌아가던 사람들이 나를 흘끗 쳐다보고는 비웃음을 흘립니다. 그러자 내 마음은 부끄러움으로 채워집니다. 구걸하는 소녀처럼 앉아 있던 나는 치맛자락에 얼굴을 파묻습니다. 그들이 나에게 내가 원하는 것이 무엇인지 물으면 나는 눈물을 떨굴 뿐 아무 말도 하지 못합니다.」 그리고 어느 때에는 자신의 삶이 한때 다른 모습을 띠고 있었음을 기억하고는 이렇게 말하기도 한다. 「수많은 시간을 쉬지 않고 나는 선과 악의 투쟁 속에 보냈습니다. 하지만 이제 나는 내 놀이 동무가 원하는 대로 한가한 시간을 즐길 것입니다, 내 마음을 그에게 기댄 채. 무슨 연유로 이처럼 갑작스럽게 나를 헛되고 엉뚱한 일로 이끄는지, 나는 그 이유를 알지 못합니다.」 다른 어떤 문학 작품에서도 발견할 수 없는 순진함과 소박함이 있기에, 그의 시에서는 새들과 나뭇잎들이 어린아이들에게 친밀한 것만큼이나 그와도 아주 친밀해 보인다. 그리고 계절의 변화는 굉장한 사건이 된다. 계절의 변화와 우리 사이에 우리의 생각들이 끼어들기 이전에 그러했던 것처럼. 때때로 나는 그가 이 모든 것을 벵골의 문학에서 가져왔는지 또는 종교에서 가져왔는지를 궁금해하기도 한다. 그리고 어떤 때는 그의 형의 손에 새가 날아와 앉았다는 이야기를 기억해 내고는 이 모든 것이 유전적인 것일지도 모른다는, 트리스탄 또는 펠라노어[11]와 같은 사람들의 정중함처럼 수 세기에 걸쳐

---

11 Tristan과 Pelanore. 아서 왕의 원탁의 기사들.

성장해 왔던 신비와 같은 것일지도 모른다는 유쾌한 생각에 빠져들기도 한다. 진실로, 그가 어린아이들에 관해 이야기할 때, 이러한 특질이 너무도 자연스럽게 그가 지닌 천성의 일부 같아 보여, 그가 성자들에 관해 이야기하고 있는 것이 아니라고 확신하기 어렵게 한다. 「아이들은 모래로 집을 짓기도 하고, 빈 조개껍질을 가지고 놀기도 합니다. 마른 나뭇잎을 엮어 배를 만들기도 하고, 웃음 가득한 환한 표정으로 넓은 바다에 나뭇잎 배를 띄우기도 합니다. 아이들이 세상의 바닷가에서 놀고 있습니다. / 아이들은 헤엄치는 법도 알지 못하고, 그물을 던지는 법도 알지 못합니다. 진주조개잡이 어부들은 진주를 찾아 바다로 뛰어들고, 상인들은 배를 타고 항해를 합니다. 그러는 동안 아이들은 조약돌을 모으고 다시 흩뜨려 놓습니다. 아이들은 숨겨진 보물을 찾지도 않고, 그물을 던지는 법도 알지 못합니다.」

1912년 9월
윌리엄 버틀러 예이츠

기탄잘리

I

님은 나를 언제나 새롭게 하시니, 여기에 님의 기쁨이 있습니다. 빈약한 이 그릇을 님은 비우고 또 비우시며, 언제나 신선한 생명으로 채우고 또 채우십니다.

언덕 넘어 골짜기 넘어 님이 가지고 다니는 이 작은 갈대 피리는 님의 숨결을 받아 영원히 새로운 가락을 울려 왔습니다.

님의 불멸의 손길에 내 작은 마음은 기쁨에 젖어 그 한계를 잊고, 표현 불가능한 것들을 말로 바꾸어 놓기도 합니다.

님이 나에게 주는 무한한 선물은 오로지 아주 작은 이 두 손으로만 옵니다. 세월이 흘러도 여전히 님은 나를 채워 주시지만, 나에게는 아직 채울 자리가 남아 있습니다.

2

 님이 노래하라 명하시면, 내 마음은 자부심으로 터질 듯합니다. 터질 듯한 마음으로 님의 얼굴을 올려다보노라면, 내 눈에는 눈물이 고입니다.

 내 삶의 거칠고 거슬리는 그 모든 것들이 녹아 흘러 한 가락의 감미로운 화음으로 변합니다. 그리고 님을 향한 내 흠모의 마음이 날개를 펼칩니다, 기쁜 마음으로 바다 위로 날아오르는 한 마리 새처럼.

 나는 님이 내 노래에 즐거워하심을 알고 있습니다. 그리고 나는 내가 다만 노래에 의지해서 님의 앞에 다가설 수 있음을 알고 있습니다.

 나는 내 노래의 날개를 한껏 펼쳐 그 끝으로 님의 발에, 감히 이르고자 갈망할 수도 없었던 님의 발에 가닿습니다.

 노래하는 기쁨에 취해, 나는 나 자신을 잊고 나의 주인인 님을 친구라 부르기도 합니다.

3

 나의 주인이여, 나는 님이 어떻게 노래하는지 알지 못합니다. 놀라움에 말을 잊은 채 나는 언제나 님의 노래에 귀 기울일 뿐입니다.

 님의 음악이 빛이 되어 세상을 환하게 밝힙니다. 님의 음악에 담긴 생명의 숨결이 하늘에서 하늘로 퍼져 나갑니다. 님의 음악은 성스러운 물결이 되어, 돌처럼 단단한 모든 장애물을 깨뜨리고 그 위로 넘쳐 흐릅니다.

 내 마음은 님과 함께 노래하기를 갈망하지만, 헛되이 가락을 찾아 헤맬 뿐입니다. 나는 말하고 싶으나 내 말은 노래가 되어 터져 나오지 못하고, 이에 나는 어쩔 줄 몰라 눈물만 흘립니다. 아, 나의 주인이여, 끊임없이 이어지는 님의 음악에 내 마음은 그물에 걸린 듯 사로잡혀 있습니다.

4

내 생명의 생명이여, 님이 베푸는 생명의 손길이 내 온몸에 미칠 것을 알기에, 나는 언제나 나의 몸을 정갈히 하려 애쓸 것입니다.

님이야말로 내 정신 안에 이성(理性)의 불꽃을 지필 진실임을 알기에, 나는 언제나 그 모든 거짓을 내 생각 밖으로 쫓아내려 애쓸 것입니다.

님이 내 마음속 더할 수 없이 깊은 성소(聖所)에 머물러 계심을 알기에, 나는 언제나 내 마음에서 사악함을 쫓아내려 애쓸 것이고, 내 사랑의 꽃을 피우려 애쓸 것입니다.

또한 님이야말로 나를 움직이는 힘의 원천임을 알기에, 나는 움직일 때마다 이를 통해 님의 존재가 드러나도록 정성을 다할 것입니다.

5

한순간만이라도 님의 곁에 앉아 있는 즐거움을 나에게 허락하소서. 내가 해야 할 다른 모든 일은 님이 허락한 즐거움을 맛본 후에 할 것입니다.

님의 얼굴이 보이지 않는 곳에서라면 내 마음은 휴식도 안식도 누릴 수 없고, 내가 하는 일은 가없는 고통의 바다에서 끝도 없이 이어지는 노역이 될 것입니다.

오늘은 여름이 나의 창가로 다가와 숨결을 전하기도 하고 속삭이기도 합니다. 벌들도 키 작은 나무들이 꽃 피운 정원에서 저들 나름의 노래를 부르고 있습니다.

이제 고요히 앉아 님과 얼굴을 마주할 시간이 되었습니다. 마주 앉아 생명의 찬가를, 고요함과 흘러넘치는 여유를 즐기며 생명의 찬가를 노래할 시간이 되었습니다.

6

 망설이지 말고 이 작은 꽃을 꺾어 가소서! 꽃이 시들어 흙먼지 속으로 사라질까 두렵습니다.

 님의 화환 어디에서도 자리를 찾지 못할까 두려우나, 이 작은 꽃에게 님의 손길에 아픔을 느끼며 꺾이는 영광을 베풀어 주소서. 내가 알지 못하는 사이에 하루해가 다 가고, 그리하여 님께 이 꽃을 바칠 시간을 놓칠까 두렵습니다.

 비록 색깔은 짙지 않고 향기는 희미하나, 이 꽃에게 님을 섬길 기회를 주소서. 아직 시간이 있을 때 이 꽃을 꺾어 주소서.

7

 내 노래는 모든 장식을 벗어 던졌습니다. 자랑할 만한 그 어떤 옷도 장신구도 이제는 걸치고 있지 않습니다. 그 어떤 장식이라도 님과 나 사이를 가로막아, 우리의 하나됨을 방해할지 모르니까요. 장신구의 짤랑이는 소리가 님의 속삭임을 지워 버릴지 모르니까요.

 시인으로서 내가 느끼던 자만심은 님 앞에 서자 부끄러움에 그 자취를 감춥니다. 오, 위대한 시인이여, 나는 님의 발 아래 무릎을 꿇고 있습니다. 바라건대, 나를 이끌어 내 생명을 소박하고 곧은 것이 되게 하소서, 님의 숨결을 받아 음악으로 가득 차는 갈대 피리와도 같이!

8

보석 목걸이로 멋을 내고 왕자의 옷으로 치장한 아이는 어떤 놀이도 즐길 수 없습니다. 발걸음을 옮길 때마다 옷이 거치적거릴 테니까요.

옷이 해질까 봐, 흙먼지로 더럽혀질까 봐, 아이는 세상과 거리를 두려 하고, 움직이는 일조차 두려워할 것입니다.

어머니, 아름다운 장식이 대지의 건강한 흙먼지와 가까이 하는 데 방해가 된다면, 평범한 인간사의 현장이라는 거대한 장터에 입장할 권리를 빼앗는다면, 그것은 속박일 뿐 도움이 되지 않을 것입니다.

9

오, 어리석은 자, 그대 자신을 자신의 두 어깨에 짊어지려 하는 자여! 오, 헛되이 구걸하는 자, 그대 자신의 집 문 앞으로 와서 구걸하려 하는 자여!

그대의 모든 짐을 그의 손에, 모든 것을 견딜 수 있는 그의 손에 내려놓아라. 그리고 결코 후회의 마음으로 뒤돌아보지 마라.

그대가 지닌 욕망의 숨결이 한 번 가닿으면 등불은 곧 꺼지고 말 것이니, 이는 거룩하지 못한 일이라. 깨끗지 않은 욕망의 손으로 선물을 취하려 하지 마라. 오직 성스러운 사랑이 권하는 것만을 받아들일지니.

10

여기에 님을 위한 발판이 있어, 님은 그 위에 발을 올려놓고 계십니다. 더할 수 없이 가난한 자들, 더할 수 없이 비천한 자들, 길을 잃은 자들이 삶을 살아가는 바로 그곳에.

내가 비록 님께 머리 숙여 경배하려 해도, 님께 복종하려는 마음만으로는 님의 발이 머물러 있는 바로 그곳, 더할 수 없이 가난한 자들, 더할 수 없이 비천한 자들, 길을 잃은 자들 사이의 그 깊은 곳에 이를 수 없습니다.

교만한 마음으로는 님이 허름한 옷을 걸친 채 걸음을 옮기는 그곳, 더할 수 없이 가난한 자들, 더할 수 없이 비천한 자들, 길을 잃은 자들 사이에서 님이 걸음을 옮기는 그곳으로 결코 다가갈 수 없습니다.

내 마음은 그곳에 이르는 길을 찾을 수 없습니다. 더할 수 없이 가난한 자들, 더할 수 없이 비천한 자들, 길을 잃은 자들 사이에서 님이 친구 없는 이들의 친구가 되어 있는 그곳으로 가는 길을 결코 찾을 수 없습니다.

II

 이 모든 찬양과 노래와 기도는 이제 그만! 이 어둡고 쓸쓸한 사원 구석에서 문이란 문은 다 걸어 닫은 채 그대는 누구를 경배하고 있는가? 눈을 뜨고 바라보라, 그대 앞에 그대의 신이 있지 않음을!

 그대의 신은 농부가 굳은 땅을 갈고 있는 그곳에, 길을 닦는 사람이 돌을 깨고 있는 그곳에 있나니. 그대의 신은 햇빛을 받으며, 비를 맞으며, 그들과 함께 있나니. 그리고 그의 옷은 흙먼지로 덮여 있나니. 그대가 입고 있는 신전의 예복을 벗어 던지고, 그대의 신이 그러하듯 흙먼지 가득한 땅 위로 내려오라!

 구원을 찾는다고? 그대가 말하는 그 구원을 어디에서 찾을 수 있겠는가? 우리의 주인인 그가 기꺼운 마음으로 창조의 멍에를 짊어지셨기에, 그는 영원히 우리와 함께하리라.

 명상을 멈추고 이리 나오라, 꽃도 향도 다 그 자리에 두고! 그대의 옷이 해지고 더럽혀진들 어떠리! 그대의 주인을 만나, 그의 곁에서 함께 수고하라, 이마에 땀을 흘리며.

12

내 방랑의 시간은 길기만 하고, 또 길은 멀기만 합니다.

태양이 온 누리에 첫 빛살을 던지며 하루의 운행을 시작하는 바로 그때, 나는 밖으로 나왔습니다. 그리고 황량한 우주의 들판을 가로질러 나의 여정을 이어 갔습니다, 수많은 별과 행성에 내 발자취를 남기며.

가까이, 더욱 가까이 님께 다가가기 위해서는 멀리, 아주 멀리 길을 돌아가야 합니다. 극도로 간명한 곡조에 이르는 여정이 어찌 이처럼 엄청나게 복잡한 것일까요!

나그네가 자기 집에 이르기 위해서는 낯선 사람들의 집마다 찾아가 문을 두드려야 합니다. 그리고 마침내 저 안쪽 아주 내밀한 곳에 있는 성소에 도달하기 위해서는 그 모든 바깥세상을 헤매고 다녀야 합니다.

나의 두 눈은 저 멀리 드넓은 곳 여기저기를 방황했습니다. 마침내 나는 두 눈을 감고 이렇게 말합니다. 「님께서 바로 여기에 계시는군요.」

「오, 어디에 계신가요」라는 물음과 외침이 녹아 천 줄기 눈물이 되고, 이 눈물을 다시 「절대자」가 계심에 대한 확신의 물결, 도도히 넘쳐 흐르는 확신의 물결로 바뀌어 온 세상을 뒤덮습니다.

13

 내가 부르게 된 노래는 오늘 이 순간까지 제 곡조를 얻지 못했습니다.

 나는 이 순간까지 내 악기의 줄을 조이기도 하고 풀기도 하면서 나날을 보냈습니다.

 때는 아직 오지 않았고, 노랫말도 제대로 다듬어져 있지 않습니다. 내 마음을 지배하는 것은 오직 고통스러운 갈망뿐입니다.

 꽃은 아직 피어 있지 않고, 오직 바람만이 한숨 지며 스쳐 지나갈 뿐입니다.

 나는 아직 그의 얼굴을 보지 못했고, 그의 목소리도 듣지 못했습니다. 나는 다만 내 집 앞의 길을 따라 걸어오는 그의 부드러운 발걸음 소리만 들었을 뿐입니다.

 하루 종일 나는 내 집 안에 그가 머물 자리를 마련하느라 애쓰며 보냈습니다. 하지만 등불은 아직 밝혀지지 않았고, 그렇기에 나는 그를 집으로 맞아들일 수 없습니다.

 나는 그를 만날 희망에 살지만, 만남은 아직 이루어지지 않았습니다.

14

나의 욕망은 산더미 같고, 나의 울음소리는 처량하기만 합니다. 하지만 언제나 님은 차가운 거절의 몸짓으로 나를 구원하셨습니다. 님의 이 단호한 자비가 내 생명 깊은 곳까지 스며 있습니다.

나날이 님은 나를 소중한 사람으로, 바라기도 전에 님이 내려 주시는 소박하면서도 엄청난 그 모든 선물 — 이 하늘과 빛, 이 몸과 생명과 정신 — 에 어울리는 소중한 사람으로 만들어 주십니다. 지나치게 강렬한 욕망의 위험으로부터 나를 구원하심으로써.

나에게는 나른한 몸과 마음으로 방황할 때도 있고, 방황에서 깨어나 서둘러 내 삶의 목표를 찾아 헤맬 때도 있습니다. 하지만 그때마다 야속하게도 님은 내 앞에서 그 모습을 감추십니다.

나날이 님은 나를 소중한 사람으로, 있는 그대로 님이 받아들일 수 있는 소중한 사람으로 만들어 주십니다. 이따금 나를 거부하심으로써, 허약하고 불확실한 욕망의 위험에서 나를 구원하심으로써.

15

나는 님을 위한 노래를 부르기 위해 여기 이곳에 있습니다. 이곳, 님의 공간 한구석에 자리를 차지하고서.

님의 세계에서 내가 할 일이란 아무것도 없습니다. 쓸모없는 나의 생명은 갈피를 잡지 못한 채 부질없는 곡조를 쏟아 낼 뿐입니다.

한밤의 어두운 성전에서 고요히 님께 경배할 시간이 왔음을 알리는 종이 울릴 때면, 나의 주인이여, 님의 앞에 서서 노래하라 명하소서.

아침의 대기 속으로 황금빛 하프의 선율이 울릴 때면, 님의 앞에 모습을 드러내라 명하시어 나를 영광스럽게 하소서.

16

나는 이 세상이라는 축제의 자리에 초대받았습니다. 나의 생명이 축복을 받은 것입니다. 내 눈에 보이고, 내 귀에 들립니다.

이 축제의 자리에서 내가 할 일은 악기를 연주하는 것이었습니다. 그리하여 나는 정성을 다해 악기를 연주했습니다.

님께 묻사오니, 이제 안으로 들어가 님의 얼굴을 보고 님께 고요히 경배할 시간이 마침내 오지 않았는지요?

17

나는 다만 사랑을 기다리고 있습니다. 마침내 내 자신을 희생하여 그의 두 손에 바치도록 나를 이끌 사랑을 기다릴 뿐입니다. 내가 늦는 것은 이 때문입니다. 내가 태만함이라는 죄를 저지르는 것도 이 때문입니다.

사람들은 그네들의 규범과 법을 가지고 와서 나를 꽁꽁 묶으려 합니다. 하지만, 마침내 내 자신을 희생하여 그의 두 손에 바치도록 나를 이끌 사랑을 기다릴 뿐, 나는 항상 그들의 손길을 피합니다.

사람들은 나를 비난하면서 무심한 자라 합니다. 나는 그들의 비난을 받아 마땅하다고 생각합니다.

장날은 저물었고, 바쁜 사람들도 제 할 일을 모두 끝냈습니다. 헛되이 나를 부르러 왔던 사람들도 화를 내며 돌아갔습니다. 나는 다만 사랑을 기다리고 있습니다. 마침내 내 자신을 희생하여 그의 두 손에 바치도록 나를 이끌 사랑을.

18

 구름이 겹겹이 쌓이고 쌓여, 세상이 어두워집니다. 아, 사랑이여, 어찌하여 님은 나를 문밖에서 홀로 기다리게 하시나요?

 한낮의 일로 바쁠 때면 나는 북적이는 사람들과 함께 있습니다. 하지만 어둡고 쓸쓸한 오늘 같은 날에 내가 바라는 것은 오로지 님뿐입니다.

 님이 나에게 얼굴을 보여 주시지 않는다면, 님이 나를 아주 외면하신다면, 비가 오는 이 지루한 시간을 어찌 보내야 할지 나는 정말 모르겠습니다.

 나는 줄곧 어두운 하늘 저 먼 곳을 바라보고 있습니다. 그러는 동안, 내 마음은 그칠 줄 모르고 부는 바람과 함께 울음을 울며 이리저리 헤맵니다.

19

　만일 님이 아무 말씀도 하지 않는다면, 나는 내 마음을 님의 침묵으로 채우고 침묵의 시간을 견뎌 낼 것입니다. 나는 침묵을 지키며 기다릴 것입니다, 어둠을 지키는 별들이 떠 있는 밤과 같이 고개를 낮게 숙인 채 끈기 있게.

　누가 뭐라 해도 아침은 올 것이고, 어둠은 물러갈 것입니다. 그러면 님의 목소리는 황금의 물줄기가 되어 하늘을 가로질러 쏟아져 내릴 것입니다.

　그리고 님의 말씀은 노래의 날개를 펼쳐 날아오를 것입니다, 내 모든 새들이 머무는 둥지 하나하나에서. 그리고 님의 아름다운 선율은 꽃이 되어 활짝 피어날 것입니다, 내 모든 숲의 키 작은 나무들 사이사이에서.

20

 연꽃이 환하게 피어 있는 날, 아아, 내 마음은 방황하고 있었고, 꽃이 핀 것도 모르고 있었습니다. 나의 바구니는 비어 있었지만, 꽃들은 내 눈길을 끌지 못했습니다.

 이따금 슬픔이 밀려왔고, 나는 놀란 듯 꿈에서 깨어나 남풍에 실려 오는 신비로운 향기의 감미로운 자취를 느끼곤 했습니다.

 그 감미로운 향기의 희미한 자취에 내 마음은 갈망으로 에는 듯했습니다. 나에게 이 향기의 자취는 절정을 향해 치닫는 여름의 열정적인 숨결 같기도 했습니다.

 나는 그때 정녕 몰랐습니다, 그 향기가 그처럼 가까이에 있음을, 그것이 나의 것임을. 이 완벽한 감미로움이 내 마음 깊은 곳에 꽃피어 있음을 나는 정녕 알지 못했습니다.

21

 이제 나는 강물에 배를 띄워야 합니다. 나른한 기다림의 시간이 강변에서 흘러갑니다. 아아, 처량한 내 신세여!

 봄은 꽃을 피우고 가버렸습니다. 이제 나는 속절없이 시들어 무겁게 고개 숙인 꽃들과 함께 기다리고 또 망설입니다.

 물 흐르는 소리는 요란해졌고, 그늘진 오솔길 옆의 강둑 위로 노란 잎새들이 흩날려 떨어집니다.

 그대는 어찌 허공만 멍하니 바라보고 있는가요! 저 건너편 먼 강가에서 노래의 선율이 흘러나와 허공을 가로질러 다가올 때의 떨림, 바로 그때의 떨림을 그대는 느끼지 못하는가요?

22

비에 젖은 7월의 깊은 그늘 속에서 님은 은밀한 발걸음으로 밤과 같이 고요히 걷고 계십니다, 누구의 눈에도 띄지 않은 채.

오늘은 아침이 눈을 감고 있습니다. 소란스러운 동풍이 끈질기게 부르는 소리에도 아랑곳하지 않은 채. 그리고 두터운 장막이 언제나 깨어 있는 푸른 하늘 위로 드리워져 있습니다.

숲은 노래를 멈추었고, 집집마다 문이란 문은 모두 닫혀 있습니다. 이 황량한 거리를 지나는 외로운 나그네는 오직 님뿐입니다. 오, 하나뿐인 나의 친구여, 더할 수 없이 사랑하는 님이여, 내 집의 모든 문은 열려 있으니, 한 조각 꿈인 양 그냥 지나쳐 가지 마소서.

23

 나의 친구여, 폭풍우 몰아치는 이 밤에 님은 사랑을 찾아 길을 떠나셨는지요? 하늘은 절망에 사로잡힌 사람처럼 신음하고 있습니다.

 오늘 밤 나는 잠을 이루지 못하고 있습니다. 나의 친구여! 나는 몇 번이고 문을 열고는 어둠 속을 내다봅니다.

 내 앞에 보이는 것은 아무것도 없습니다. 님은 지금 어느 길을 따라오고 계시는지요!

 나의 친구인 님이여, 님은 지금 미로와도 같은 깊은 어둠 속 어느 길을 더듬어 내게 오고 계신가요? 칠흑같이 어두운 강의 희미한 가장자리를 따라오고 계시다면 그곳은 어딘가요? 찌푸린 숲의 아득한 가장자리를 따라오고 계시다면 그곳은 또 어딘가요?

24

한낮이 다 지나면, 새들이 더 이상 노래하지 않으면, 바람이 지쳐 잦아들면, 두터운 어둠의 장막을 내 위에 드리우소서. 해 질 무렵 님이 대지를 잠의 이불로 감싸 주고, 고개 숙인 연꽃의 꽃잎들을 부드럽게 닫아 주듯.

여정이 다 끝나기도 전에 나그네의 식량 배낭이 텅 빈다 해도, 그의 옷이 해지고 먼지로 뒤덮인다 해도, 그가 힘을 잃고 탈진한다 해도, 그를 부끄러움과 가난에서 벗어나게 하소서. 그리고 님이 부드러운 밤의 장막으로 꽃을 감싸듯 그의 생명을 감싸 안아 새로운 힘을 얻게 하소서.

25

길고 지루한 한밤이 되면, 나를 이끌어 뒤척이지 않고 편히 잠들게 하소서, 내 모든 것을 님께 맡긴 채.

부디 내 지친 마음을 억지로 일깨워 님을 경배하기 위한 예식을, 그것도 초라한 예식을 준비하지 않게 하소서.

한낮을 보내느라 피로에 지친 두 눈에 밤의 장막을 드리우는 이도, 그리하여 상쾌한 기분으로 즐겁게 깨어날 수 있도록 두 눈에 새로운 시력을 일깨워 주는 이도 님이십니다.

26

 그가 내 곁에 와 앉아 있었지만, 나는 잠에서 깨어나지 못했습니다. 아, 원망스러운 잠이여! 아, 한심한 내 자신이여!
 그는 밤이 고요할 때 찾아왔습니다, 손에 하프를 들고. 그리하여 나의 꿈들은 하프의 선율에 맞춰 가늘게 공명(共鳴)하였습니다.
 아아, 어찌하여 나의 밤들은 그처럼 허무하게 지나가고만 것일까요? 아, 그의 숨결이 나의 잠을 어루만지고 있을 때 어찌하여 나는 번번이 그와 눈 맞출 기회를 놓치고 마는 걸까요?

27

 빛이여! 오, 빛은 어디에? 타오르는 욕망의 불길로 등을 밝혀 주소서!

 명멸하는 불꽃을 한 번도 피워 본 적 없는 등이 하나 있습니다. 내 마음이여, 그것이 그대의 운명인가! 아, 차라리 죽음이 그대에게 한결 나은 것이었으리.

 번뇌의 여신이 그대의 문을 두드리고 있나니. 그녀가 전하는 말은 그대의 주인께서 깨어 있다는 것. 그리고 그가 한밤의 어둠을 뚫고 사랑의 밀회를 위해 그대를 방문하리라는 것.

 하늘은 구름으로 뒤덮여 잔뜩 흐리고, 비는 끊임없이 내리고 있습니다. 내 안에서 동요하고 있는 것, 이것이 무엇인지 나는 모릅니다. 이것이 무엇을 뜻하는지 나는 모릅니다.

 한순간의 번갯불이 한결 더 깊은 어둠으로 내 시야를 덮습니다. 그리고 한밤의 음악이 나를 부르는 곳, 내 마음은 그곳으로 가는 길을 더듬어 찾고 있습니다.

 빛이여! 오, 빛은 어디에? 타오르는 욕망의 불길로 등을 밝혀 주소서! 천둥이 치고, 바람이 비명을 지르며 허공을 가로지릅니다. 밤은 흑요석처럼 검습니다. 어둠 속에서 시간을 보내게 하지 마소서. 님의 생명으로 사랑의 등을 밝혀 주소서!

28

집요하게 나를 구속하는 것이 족쇄이지만, 족쇄를 부수고자 할 때마다 내 마음은 아픕니다.

내가 원하는 것은 다만 자유입니다만, 자유를 갈망하는 내가 부끄럽습니다.

헤아릴 수 없이 값진 보물이 님 안에 있음을, 님은 나에게 가장 소중한 친구임을 믿습니다. 하지만 내 방을 가득 채우고 있는 싸구려 장식물들을 쓸어 버릴 용기가 나에게는 없습니다.

나를 감싸고 있는 장막은 먼지와 죽음의 장막일 뿐입니다. 나는 이를 증오하면서도 사랑으로 껴안습니다.

내가 진 빚은 엄청나고, 내가 범한 실수는 끔찍하며, 내가 느끼는 부끄러움은 은밀하고 무겁기만 합니다. 그럼에도 행복을 바라며 기도를 올릴 때 나는 내 기도가 받아들여지지 않을까 두려움에 떱니다.

29

 내 이름 안에 가둬 놓은 그가 이 지하 감옥에서 눈물을 흘리고 있습니다. 나는 그의 주변에 더욱 높은 감옥의 벽을 쌓아 올리느라 항상 분주합니다. 나날이 벽이 올라가 하늘을 찌를 듯 높아지면 높아질수록 어둠의 그늘은 넓어져만 가고, 그리하여 나는 그 안에 묻힌 나의 참된 자아를 보지 못합니다.

 나는 이 거대한 벽을 자랑스러워합니다. 그리고 내 이름에 행여 작디작은 구멍이라도 나 있을까 봐 흙먼지와 모래로 그 벽을 바릅니다. 그리하여 아무리 세심한 주의를 기울여도 나는 나의 참된 자아를 볼 수 없습니다.

30

나 홀로 밖으로 나와 밀회의 장소로 가고 있습니다. 하지만 침묵의 어둠 속에서 나를 따라오는 이 있으니, 그는 누구인가요?

그를 피하려 비켜서지만, 나는 그의 눈길에서 벗어나지 못합니다.

그의 걸음걸이가 어찌나 당당한지 흙먼지가 일 정도입니다. 그는 내가 하는 모든 말에 자신의 커다란 목소리를 덧붙입니다.

나의 주인이여, 그는 바로 나의 왜소한 자아입니다. 그는 부끄러움을 모릅니다. 하지만 나는 그와 함께 님의 문 앞에 오게 된 것이 부끄럽습니다.

31

「갇힌 자여, 나에게 말해 다오. 그대를 가둔 자, 그는 누구인가?」

「나의 주인입니다.」 갇힌 자가 말했습니다. 「나는 이 세상 누구보다도 더 대단하게 부와 권력을 쌓을 수 있으리라 생각했습니다. 그리고 왕에게나 어울릴 재화를 나의 보물 창고에 쌓아 두었습니다. 잠이 나를 엄습했을 때, 나는 나의 주인을 위해 마련한 침대 위에 누웠습니다. 깨어 보니, 나는 나의 보물 창고 안에 갇혀 있더군요.」

「갇힌 자여, 나에게 말해 다오. 끊을 수 없는 이 쇠사슬을 만든 자, 그는 누구인가?」

「바로 나, 더할 수 없는 정성을 기울여 이 쇠사슬을 만든 나 자신입니다.」 갇힌 자가 말했습니다. 「나는 나의 자유를 조금도 건드리지 않은 채, 내가 소유한 무적의 힘으로 세계를 가둬 놓을 수 있으리라 생각했습니다. 그리하여 밤낮으로 거대한 용광로에 쇠를 달구고 무자비하게 두드려 사슬을 만들었습니다. 마침내 일이 끝나 사슬의 고리가 끊을 수 없을 만큼 완벽해졌을 때, 나는 그것이 나를 꼼짝 못하게 묶고 있음을 깨닫게 되었습니다.」

32

 이 세상에서 나를 사랑하는 사람들은 어떤 수단을 써서라도 나를 가두어 두려 합니다. 하지만 그들의 사랑보다 더 크나큰 사랑을 지닌 님은 그렇게 하지 않습니다. 님은 나를 자유롭게 하십니다.

 내가 그들을 잊을까 두려워, 그들은 결코 나를 내버려 두려 하지 않습니다. 하지만 날이 가고 또 가도 님은 모습을 보이지 않습니다.

 기도 중에 내가 님을 부르지 않더라도, 내 마음속에 님을 간직하고 있지 않더라도, 나를 향한 님의 사랑은 여전히 나의 사랑을 기다리고 있습니다.

33

한낮의 시간에 그들은 내 집을 찾아와 이렇게 말했습니다.「여기 당신의 집에서 우리는 아주 작은 공간만을 차지할 것입니다.」

그들은 또 이렇게 말하기도 했지요.「당신이 당신의 신을 섬길 때 우리는 당신을 도울 것이고, 당신의 신이 우리 몫으로 내리는 은총만을 겸손한 마음으로 받을 것입니다.」이어서 그들은 구석에 자리를 마련하고, 조용히 얌전하게 앉아 있었습니다.

하지만 한밤의 어둠 속에서 나는 봅니다. 그들이 강력한 힘을 휘두르며 난폭하게 성스러운 신전으로 난입하는 것을, 그리고 불경스러운 탐욕에 젖어 신의 제단에 놓인 제물을 강탈하는 것을.

34

내 존재의 아주 작은 일부만을 남게 하소서. 이를 통해 내가 님을 나의 전부라 말할 수 있도록.

내 의지의 아주 작은 일부만을 남게 하소서. 이를 통해 어디서나 내가 님을 느낄 수 있도록. 그리고 모든 것 안에서 님과 만나고, 어느 순간에도 내 사랑을 님께 바칠 수 있도록.

내 존재의 아주 작은 일부만을 남게 하소서. 그리하여 내가 결코 님을 숨길 수 없도록.

나를 얽매는 족쇄의 아주 작은 일부만을 남게 하소서. 이로 인해 나는 님의 의지에 묶여 있을 것이며, 님이 의도하는 바가 내 삶 속에서 이루어질 것입니다. 이는 님의 사랑이라는 족쇄입니다.

35

정신 안에 아무런 두려움이 존재하지 않고 머리를 의연하게 세울 수 있는 곳,

온갖 지식에 자유롭게 다가갈 수 있는 곳,

편협한 지방색으로 세계가 조각조각 깨어져 있지 않은 곳,

말이 진실의 깊이로부터 솟아 나오는 곳,

지칠 줄 모르는 노력이 완성을 향해 그 팔을 뻗을 수 있는 곳,

이성(理性)의 맑은 물길이 끝내 길을 잃고 죽어 있는 관습의 황량한 모래사막으로 빠져들지 않은 곳,

정신이 님의 인도를 받아, 끝없이 지평을 넓혀 가는 생각과 행동을 향해 앞으로 나아갈 수 있는 곳,

자유의 천국에 이르도록, 나의 아버지여, 내 나라를 깨우소서.

36

나의 주인이여, 이것이 내가 님께 올리는 기도입니다. 내 마음속 빈곤의 뿌리를 내리치고 또 내리치소서.

기쁨과 슬픔을 가벼운 마음으로 견딜 수 있도록 나에게 힘을 주소서.

님께 바치는 내 사랑이 결실을 맺을 수 있도록 나에게 힘을 주소서.

가난한 자들을 거부하지 않도록, 무례한 권력 앞에 결코 무릎을 꿇지 않도록 나에게 힘을 주소서.

일상의 사소한 일을 초월하여 내 정신을 높이 세울 수 있도록 나에게 힘을 주소서.

그리고 님의 뜻을 이루는 데 내 모든 힘을 사랑의 마음으로 바칠 수 있도록 나에게 힘을 주소서.

37

 마침내 모든 힘이 소진되어 나는 이제 나의 여정을 접을 때가 되었다고 생각했습니다. 내 앞의 길은 닫혀 보이지 않았고, 식량도 바닥을 드러내고 있었지요. 이제 어두운 침묵의 세계로 몸을 피해야 할 때가 되었던 것입니다.

 하지만 나는 끝을 모르는 님의 무한한 의지가 내 안에 있음을 깨닫고 있습니다. 낡은 말들이 혀 위에서 죽음을 맞이하는 그 순간 새로운 곡조가 마음으로부터 터져 나옵니다. 그리고 옛길이 끊긴 바로 그곳에서 새로운 세계가 온갖 경이에 휩싸인 채 그 모습을 드러내고 있습니다.

38

 님만을, 오직 님만을 원하고 있음을 끝없이 되풀이해 말하도록 내 마음을 이끌어 주소서. 낮이나 밤이나 나를 혼란케 하는 온갖 욕망은 속속들이 그릇된 것이고 또 공허한 것입니다.

 밤이 빛을 향한 열망을 자신의 어둠 속에 감추고 있듯, 내 무의식의 깊은 곳에서는 갈망의 외침이 울리고 있습니다. 「나는 님만을, 오직 님만을 원합니다.」

 폭풍우가 온 힘을 다해 평온함을 깨뜨리려 하지만 그럼에도 여전히 평온함 속에서 종말을 맞이하듯, 나의 반항은 님의 사랑을 깨뜨리려 하지만 그럼에도 갈망의 외침은 언제나 변함이 없습니다. 「나는 님만을, 오직 님만을 원합니다.」

39

 마음이 굳어 메말라 있을 때, 나에게 오셔서 소나기와 같은 자비를 내려 주소서.

 삶이 은총을 잃었을 때, 나에게 오셔서 홀연히 터져 나오는 노래를 들려주소서.

 혼란스러운 일로 사방에서 소란이 일어, 저 너머의 세계로 통하는 문이 닫혔을 때, 침묵에 싸여 있는 나의 주인이여, 나에게 오셔서 님의 평화와 휴식으로 나를 감싸 주소서.

 내 마음이 구걸하며 한구석에 웅크리고 있을 때, 나의 왕이여, 나에게 오셔서 문을 부숴 젖히고 왕의 예로 나를 받아 주소서.

 욕망이 미혹과 혼란으로 내 마음을 눈멀게 할 때, 오, 성스러운 님이여, 언제나 깨어 있는 님이여, 나에게 오셔서 빛과 같은 님의 모습과 우레와 같은 님의 음성으로 나를 받아 주소서.

40

 나의 신이여, 날이 가고 또 가지만 메마른 나의 마음에는 비가 내리지 않습니다. 지평선이 매섭게 모습을 드러내고 있습니다. 엷디엷은 한 조각의 부드러운 구름조차 보이지 않고, 저 먼 곳에서 시원한 소낙비가 내릴 기미조차 느껴지지 않습니다.

 만일 님의 뜻이 그러하다면, 죽음으로 어두워진 성난 폭풍우라도 보내 주소서. 그리고 번개의 빛줄기로 이 끝에서 저 끝까지 온 하늘을 놀라게 하소서.

 하지만, 나의 주인이여, 온 세상에 고루 퍼져 있는 이 열기를, 침묵에 잠긴 채 꼼짝하지 않고 있는 이 매섭고도 잔인한 열기를, 끔찍한 절망으로 마음을 태우는 이 열기를 거둬들이소서.

 아버지가 노여워하는 날 어머니가 보이는 눈물 젖은 표정과도 같은 은총의 구름, 그 구름이 저 위에서 이 아래로 낮게 드리워지게 하소서.

41

나의 사랑이여, 님은 그림자에 몸을 숨긴 채 그들 모두의 뒤편 어디에 서 계시는지요? 그들은 흙먼지 가득한 길 위에서 님을 무시한 채 떠밀기도 하고, 님의 곁을 그냥 스쳐 지나가기도 합니다. 여기 이곳에서 나는 님에게 바칠 내 마음의 선물을 펼쳐 놓고 지루한 시간을 보내며 기다리고 있습니다. 그러는 동안 지나가는 사람들이 다가와 꽃을 한 송이 한 송이 가져가 버립니다. 그리하여 마침내 내 바구니에는 남은 꽃이 몇 송이 없습니다.

아침의 시간이 지나고 한낮의 시간도 지났습니다. 저녁의 그늘에 잠겨 내 눈은 졸음으로 가득합니다. 집으로 돌아가던 사람들이 나를 흘끗 쳐다보고는 비웃음을 흘립니다. 그러자 내 마음은 부끄러움으로 채워집니다. 구걸하는 소녀처럼 앉아 있던 나는 치맛자락에 얼굴을 파묻습니다. 그들이 나에게 내가 원하는 것이 무엇인지 물으면 나는 눈물을 떨굴 뿐 아무 말도 하지 못합니다.

오, 정말로 그들에게 내가 어찌 말할 수 있겠습니까? 내가 님을 기다리고 있음을, 그리고 님이 나에게 찾아오겠다 약속하셨음을. 님께 드릴 지참금이라고는 이 가난밖에 없음을 내 어찌 부끄럽게 실토할 수 있겠습니까? 아, 나는 아무도 모르게 마음속으로만 님에 대한 자부심을 끌어안고 있을 뿐입니다.

나는 풀밭에 앉아 하늘을 올려다보며, 뜻밖의 순간에 나를 찾아올 님의 찬란한 모습을 꿈꾸어 봅니다. 온갖 불꽃이 환하게 타오르고, 님의 몸을 실은 마차 위로 황금의 깃발들이 나부끼겠지요. 님은 자리에서 내려오셔서 흙먼지 속에 앉아 있는 나를 일으켜 세울 것입니다. 그리고 부끄러움과 자부심으로 온몸을 떠는, 여름날의 미풍에 잎을 떠는 담쟁이덩굴처럼 가늘게 몸을 떠는, 이 누더기 차림의 거지 소녀인 나를 인도하시어 님의 곁에 앉히면, 길가에서 이 광경을 지켜보고 사람들은 놀라워 벌린 입을 다물지 못한 채 서 있을 것입니다.

하지만 속절없이 시간만 흐를 뿐, 님을 실은 마차의 바퀴 소리는 아직 들리지 않습니다. 소란스럽고 떠들썩한, 유쾌하고 활기에 찬 사람들의 행렬이 수도 없이 내 곁을 스쳐 지나갔습니다. 오직 님만이 그들 모두의 뒤편에, 그림자 속에 고요히 서 계신 걸까요? 오직 나만이 헛된 갈망 속에 눈물 흘리며 애타게 님을 기다리고 있는 걸까요?

42

이른 아침 누군가가 나에게 속삭였습니다. 오직 님과 나 둘이서만 배를 타고 함께 항해의 길에 오를 것이라고. 미지의 나라를 향해 끝도 없이 이어질 우리의 순례 여행에 대해 이 세상 그 누구도 알지 못할 것이라고.

해변이 보이지 않는 가없는 바다에서, 님께서 미소 지으며 조용히 귀 기울이고 있는 동안, 나의 노래는 아름다운 선율이 되어 솟아오를 것입니다. 파도와 같이 자유롭게, 그 모든 말의 구속을 벗어 버리고.

아직 떠날 시간이 오지 않았는지요? 아직도 해야 할 일이 남아 있는지요? 아, 어찌하면 좋을까요, 저녁이 해변으로 다가오고 날은 어두워져, 바닷새들도 둥지를 찾아 날아가고 있네요.

누가 알겠어요? 곧 닻줄이 거두어 올려지고, 저무는 해의 마지막 햇살처럼 어둠 속으로 배가 떠나 사라지게 될지를.

43

님을 맞이할 준비를 하지 않던 그런 날이 내게 있었습니다. 나의 왕이여, 님을 초대하지 않았지만, 님은 내가 알지 못하는 사이 평범한 사람들 가운데 한 사람의 모습으로 내 마음을 찾아오셔서, 덧없이 흘러가는 내 삶의 수많은 순간에 영원의 각인을 새겨 놓으셨습니다.

어쩌다 오늘, 덧없이 흘러간 내 삶의 순간들에 불을 비추자, 그곳에 새겨진 님의 각인들이 눈에 들어옵니다. 그 순간 나는 님이 남긴 각인들이 내 사소한 나날들의 기쁨과 슬픔에 대한 잊혀진 추억들과 뒤섞인 채 먼지 속에 흩어져 있음을 깨닫습니다.

님은 먼지 속을 뒹구는 어린애 같은 나의 장난에도 경멸하며 돌아서지 않으셨습니다. 내가 놀던 곳에서 들었던 발걸음 소리는 이 별에서 저 별로 메아리치고 있는 바로 이 발걸음 소리와 같은 것입니다.

44

그림자가 빛을 쫓아가기도 하고 빗줄기가 여름을 따라오기도 하는 길가를 지켜보며 님을 기다리는 것은 나에게는 즐거운 일입니다.

미지의 이 하늘과 저 하늘에서 소식을 가져오는 전령들이 나에게 인사하며 길을 따라 달려옵니다. 내 마음 안에서 기쁨이 일고, 나를 스치고 지나가는 미풍의 숨결은 감미롭기만 합니다.

새벽녘에서 해 질 무렵까지 나는 여기 내 집 문 앞에 앉아 있습니다. 님의 모습을 보게 될 행복의 순간이 갑자기 찾아오리라는 것을 알고 있기 때문이지요.

님을 기다리는 동안, 나는 줄곧 홀로 자리를 지키며 웃음 짓고 노래합니다. 님을 기다리는 동안, 대기는 달콤한 약속의 향기로 가득 찹니다.

45

 그의 조용한 발걸음 소리를 못 들었는지요? 그가 나에게, 길을 따라 나에게, 언제나 나에게 오고 계십니다.

 매 순간, 매 시대, 매일 낮, 매일 밤, 그가 나에게, 길을 따라 나에게, 언제나 나에게 오고 계십니다.

 나는 수없이 바뀌는 내 마음의 정조에 맞춰 수많은 노래를 불렀습니다만, 노래의 선율은 항상 같은 말을 담고 있습니다.「그가 나에게, 길을 따라 나에게, 언제나 나에게 오고 계십니다.」

 햇살 가득한 4월의 향기로운 나날에도 숲길을 따라 그가 나에게, 길을 따라 나에게, 언제나 나에게 오고 계십니다.

 비 내리는 어두운 7월의 밤에도 천둥소리 울리는 구름 마차를 타고 그가 나에게, 길을 따라 나에게, 언제나 나에게 오고 계십니다.

 슬픔이 끊임없이 이어질 때 내 마음이 느끼는 것은 그의 발자국입니다. 나를 기쁨에 환히 빛나도록 하는 것은 금빛처럼 따뜻한 감촉의 그의 발자국입니다.

46

얼마나 먼 과거의 시간부터 님이 나를 만나기 위해 쉬지 않고 오고 계신지, 나는 알지 못합니다. 해와 별은 결코 나의 시야에서 님의 모습을 가릴 수 없습니다, 영원히.

수많은 날 아침과 저녁으로 나는 님의 발걸음 소리를 들었습니다. 그리고 님의 전령이 내 마음 안으로 들어와 은밀히 나를 부르는 소리를 들었습니다.

어찌하여 오늘 내 마음이 이처럼 온통 들떠 있는지, 설레는 기쁨이 내 마음을 뚫고 지나가는지, 나는 알지 못합니다.

이제 내가 하던 일을 접을 때가 온 듯합니다. 이제 사랑스런 님이 오고 계심을 알리는 희미한 님의 체취가 대기에 퍼져 있음을 나는 느낄 수 있습니다.

47

그가 오시기만을 헛되이 기다리며 하룻밤을 거의 다 보냈습니다. 내가 피로에 지쳐 잠들어 있을 아침 녘에 그가 갑작스레 나의 문 앞으로 오실까 걱정이 됩니다. 오, 나의 친구들이여, 그를 위해 길을 열어 두기를, 그를 막지 말기를!

그의 발걸음 소리가 나를 깨우지 못한다 하더라도, 바라건대 나를 깨우지 말기를! 소란스러운 새들의 합창 소리 때문에, 아침 햇살이 향연을 베푸는 동안 갑작스레 몰아치는 바람 소리 때문에, 잠에서 깨어나는 것을 나는 원치 않으니. 나의 주인이 내 문 앞으로 갑작스레 다가오시더라도, 바라건대 나를 평온히 잠들어 있게 하기를!

아, 나의 잠, 소중한 나의 잠이여, 다만 그의 손길을 받고서야 비로소 사라지기를 기다리는 나의 잠이여. 아, 어두운 잠으로부터 모습을 드러내는 꿈과 같이, 내 앞에 서 있는 그가 선사하는 미소의 빛을 받고서야 비로소 열리고자 하는 나의 닫힌 두 눈이여.

모든 빛과 모든 형상의 시작을 알리는 최초의 것으로 그가 내 시야에 모습을 드러내게 하소서. 잠에서 깨어난 내 영혼이 즐길 최초의 황홀한 기쁨, 그 기쁨이 그의 눈길에서 오게 하소서. 그리고 내가 내 자신으로 되돌아가는 일이 곧 그에게 되돌아가는 일이 되게 하소서.

48

고요한 아침 바다에 잔물결이 일어 새들의 노랫소리를 들려주었고, 길가의 꽃들은 하나같이 즐겁게 웃고 있었습니다. 우리는 분주히 제 갈 길을 가느라 거들떠보지도 않았지만, 구름의 갈라진 틈으로 태양이 풍요로운 황금빛 빛을 흩뿌리고 있었습니다.

우리는 즐거운 노래를 부르지도 않았고 놀이를 하지도 않았습니다. 우리는 교역을 위해 마을로 가지도 않았고, 말을 하거나 웃지도 않았습니다. 우리는 길을 가며 빈둥거리지도 않았습니다. 시간이 빠르게 흘러감에 따라 우리는 더욱더 걸음을 재촉할 뿐이었습니다.

태양이 하늘 한가운데로 떠올랐고, 비둘기들이 그늘에서 사랑을 속삭였습니다. 한낮의 뜨거운 대기에 휩싸인 채 시든 나뭇잎들이 춤을 추며 맴돌았습니다. 양치기 소년은 반얀 나무* 그늘 아래서 잠에 취해 꿈을 꾸었습니다. 그리고 나는 물가에 누워 피로에 지친 팔과 다리를 풀밭에 맡겼습니다.

나의 친구들은 경멸의 눈빛을 흘리며 나를 비웃고는, 고개를 빳빳이 세운 채 서둘러 가버렸습니다. 그들은 결코 뒤

---

* Banyan tree. 이 나무의 이름은 인도의 〈상인〉을 뜻하는 〈바니아스 banias〉에서 나온 것으로, 상인들(또는 여행객들)이 그 그늘 아래에서 교역을 하거나 쉬어 가는 것을 보고 붙인 이름이라 한다. 이 같은 사실에서 알 수 있듯 이 나무는 넓은 그늘을 제공하며, 부처가 득도한 곳도 바로 이 나무 그늘 아래다. 우리는 이 나무를 〈보리수(菩提樹)〉라 부른다.

를 돌아보지도 않았고 쉬지도 않았습니다. 그들은 다만 저 멀리 푸른 안개 속으로 사라져 갔습니다. 그들은 수많은 들판을 지나고 수많은 언덕을 넘었으며, 저 먼 곳의 신기한 나라들을 가로질러 갔습니다. 끝없이 이어지는 길의 영웅적 주인공이여, 모든 영광이 그대와 함께하길! 조소와 책망이 나를 자극하여 일으켜 세우려 했습니다만, 나는 아무런 반응도 보이지 않았습니다. 나는 모든 것을 체념한 채 기꺼이 굴욕의 깊은 늪 속으로, 희미한 환희의 그림자 속으로, 내 자신을 던져 넣었습니다.

태양으로 수를 놓은 풀빛 어둠, 그 어둠이 선사하는 평화로움이 서서히 내 마음 위로 펼쳐졌습니다. 나는 내가 무엇 때문에 여행을 했는지 잊은 채, 아무런 저항 없이 그늘과 노래로 엮인 미로에 내 마음을 맡겼습니다.

마침내 잠에서 깨어나 눈을 떴을 때, 나는 님이 내 곁에 서서 님의 미소로 내 잠을 흠뻑 적시고 계신 것을 보았습니다. 길이 멀고 지루하다 하여, 님께 이르기 위한 고난의 길이 어렵다 하여, 얼마나 내가 겁을 먹었던가요!

49

 님은 옥좌에서 내려와 내 오두막집 문 앞에서 걸음을 멈추셨습니다.

 나는 구석에서 홀로 노래하고 있었지요. 어쩌다 내 노래의 선율이 님의 귀를 스쳤습니다. 님은 옥좌에서 내려와, 내 오두막집 문 앞에서 걸음을 멈추셨습니다.

 님의 연회장 안에는 명창(名唱)들이 수도 없이 몰려 있으며, 그곳에서는 언제나 노래가 그치지 않습니다. 하지만 이 풋내기의 소박한 찬가가 님의 사랑에 가닿았던 것입니다. 한 가닥의 보잘것없는 애처로운 가락이 이 세상의 그 모든 위대한 음악과 뒤섞였으며, 상으로 내릴 꽃을 들고 님은 옥좌에서 내려와 내 오두막집 문 앞에서 걸음을 멈추셨습니다.

50

나는 마을길을 따라 집집마다 찾아다니며 구걸하고 있었습니다. 그때 님의 황금 마차가 저 멀리서 화려한 꿈과 같이 모습을 드러냈고, 그 모습을 본 나는 이 왕 중의 왕이 누구인가 궁금했습니다.

희망이 하늘 높이 솟아올랐고, 나는 이제 나의 불운한 나날들이 끝났다 생각했습니다. 그래서 바라지 않아도 베풀어 주실 은혜의 선물을, 흙먼지 위 사방으로 흩뿌려질 재물을 기다리며 서 있었습니다.

내가 서 있는 곳에서 마차가 멈춰 섰습니다. 님이 나에게 시선을 던지고는 마차에서 내려 미소 지으며 다가오셨습니다. 나는 마침내 행운의 나날이 내 삶을 찾아왔다고 느꼈습니다. 이윽고 님이 홀연히 오른손을 내밀고는 이렇게 말씀하셨습니다. 「그대는 나에게 무엇을 주려 하는가?」

아, 거지에게 구걸의 손을 내밀다니, 이 얼마나 왕다운 농담입니까! 나는 혼란에 빠져 어쩔 줄 몰라 하며 서 있었습니다. 이윽고 나는 바랑에서 아주 작은 옥수수 알갱이 하나를 천천히 꺼내 님께 바쳤습니다.

하지만, 하루해가 다할 무렵 바랑에 담긴 것을 바닥에 쏟아 놓고 보니, 남루한 물건들 사이에 아주 작은 황금 알갱이가 하나 있었습니다. 그것을 보고 얼마나 놀랐던지요! 나는 비통하게 울면서, 나의 전부를 님께 바치려는 마음을 갖지 못했던 것을 깊이 후회했습니다.

51

밤의 어둠이 깊어 갔습니다. 우리의 하루 일과도 모두 끝났습니다. 우리는 오늘밤 머물고 갈 손님이 이제는 더 이상 찾아오지 않으리라 생각했지요. 그래서 마을의 집집마다 모두 문을 걸어 잠갔습니다. 다만 몇 사람이 왕이 오실 것이라 말했습니다. 우리는 웃으며 이렇게 대꾸했지요.「아니, 그럴리 없어!」

문을 두드리는 소리가 들리는 것 같았지만, 우리는 그것이 다만 바람 소리일 뿐이라 말했습니다. 우리는 등불을 끄고 잠자리에 들었습니다. 다만 몇 사람이 이렇게 말했습니다.「이것은 왕의 전령이 문을 두드리는 소리야!」우리는 웃으며 이렇게 말했지요.「아니야, 그건 틀림없이 바람 소리야!」

한밤중이 되었을 때 소리가 들려왔습니다. 우리는 잠에 취해 그것을 저 멀리서 울리는 천둥소리라 생각했습니다. 땅이 뒤흔들렸고, 벽이 진동했으며, 그 소리에 잠든 우리는 뒤척였습니다. 다만 몇 사람이 이렇게 말했습니다.「저것은 마차의 바퀴 소리야!」우리는 잠에 취해 이렇게 중얼거렸지요.「아니야, 그건 틀림없이 구름 사이로 들리는 천둥소리야!」

북소리가 들렸을 때는 아직 깊은 밤이었습니다.「깨어나라! 서둘러라!」누군가가 이렇게 외치는 소리가 들렸습니다. 우리는 가슴에 손을 얹고 두려움에 몸을 떨었습니다. 누군가가 이렇게 말했습니다.「아, 저기 왕의 깃발이 보이네!」

우리는 벌떡 일어서서 이렇게 외쳤습니다.「지체할 시간이 없어!」

왕이 와 계십니다. 그런데 등불은 어디에 있고, 화환은 어디에 있나? 왕을 위한 옥좌는 어디에 있나? 오, 부끄럽구나, 정말로 부끄럽구나! 왕을 맞이할 방은 어디에 있고, 그 방을 꾸밀 장식물들은 어디에 있는가? 누군가가 이렇게 말했습니다.「이렇게 울어 봐야 소용이 없지! 빈손으로 왕을 맞이하고, 아무런 장식도 없는 썰렁한 방으로 그를 모실 수밖에!」

문을 열어라! 소라고둥 나팔을 불어, 깊은 밤 왕이 우리의 어둡고 남루한 집을 찾아오셨음을 알려라! 천둥소리가 하늘을 울리고, 어둠은 번갯불에 몸을 떨고 있나니. 그대들의 누더기 잠자리를 들고 나와 안마당에 깔아 놓아라. 두려운 이 밤에 폭풍우와 함께 우리의 왕이 갑자기 우리를 찾으셨으니.

52

 님이 목에 두르고 있던 장미 화환을 나에게 주십사 청하고 싶었습니다만, 나는 감히 그렇게 하지 못했습니다. 그리하여 나는 님이 떠날 시간인 아침이 올 때까지 기다렸습니다. 침상에 남아 있는 님의 자취를 조금이라도 찾겠다는 마음으로. 이윽고 새벽이 되자 나는 여명에 의지하여 거지처럼 님의 침상을 살펴, 떨어져 있는 꽃잎 한두 개만이라도 찾고자 했습니다.

 아아, 그런데 내가 찾은 이것은 무엇인가요? 님이 사랑의 징표로 남겨 주신 이것은 무엇인가요? 이것은 꽃도 아니요, 향료도 아니요, 한 병의 향수도 아닙니다. 이것은 님의 강력한 검(劍), 불꽃처럼 번쩍이고, 번갯불처럼 묵직한 한 자루의 검입니다. 나이 어린 아침 햇살이 창으로 들어와 님의 침상을 환하게 비추는 동안, 아침의 새들이 지저귀며 이렇게 묻습니다. 「아가씨, 당신이 찾은 것은 무엇인가요?」 내가 찾은 것은 꽃도 아니요, 향료도 아니요, 한 병의 향수도 아니란다. 님의 무시무시한 검을 찾았을 뿐이지.

 놀라움에 사로잡혀 나는 자리에 앉아 생각에 잠깁니다. 어찌하여 님께서 이런 선물을 주신 것일까? 어디에다 이 검을 숨겨야 할지 나는 모릅니다. 연약한 나는 부끄러워 이 검을 차고 다닐 수도 없습니다. 검을 끌어안고 지긋이 누르자 내 가슴에 상처가 납니다. 하지만 나는 님이 주신 이 선물을,

고통스러운 이 영광의 짐을 내 가슴속에 간직할 것입니다.

이제부터 나에게는 이 세상 어디를 가도 두려울 것이 없습니다. 님의 검이여, 그대는 내가 뛰어드는 어떤 싸움에서도 항상 승리를 거둘 것이니. 그대는 죽음을 나의 벗이 되게 했으니, 나는 내 생명을 바쳐 님께 영광을 돌리리라. 님의 검은 내 모든 세속의 인연을 산산이 부수기 위해 나와 함께 있는 것입니다. 그리하여 이 세상 어디를 가도 나에게는 두려울 것이 없습니다.

이제부터 나는 그 모든 시시한 장식을 떨쳐 버릴 것입니다. 내 마음의 주인이여, 이제는 더 이상 구석으로 물러나 기다리며 울지 않을 것입니다. 더 이상 수줍어하지도 않을 것이고 태도를 부드럽게 꾸미지도 않을 것입니다. 님께서 나에게 그 모든 장식을 대신할 검을 선물하셨기 때문입니다. 나는 더 이상 인형을 장식하듯 나를 장식하지 않을 것입니다.

53

아름답습니다, 별들로 장식하고 무수한 색채의 보석들을 교묘히 엮어 만든 님의 팔찌는! 하지만 내게는 그보다 더 아름다운 것이 있으니, 이는 님의 검입니다. 성난 듯 타오르는 붉은 저녁노을을 배경으로 하여 비슈누 신*의 신성한 새가 날개를 활짝 편 채 완벽하게 균형을 잡고 있는 바로 그 순간, 그 순간의 날개와 같이 번갯불처럼 번쩍이는 곡선을 지닌 님의 검이 내게는 더 아름답습니다.

죽음의 마지막 일격을 받고 황홀한 고통 속에 생명이 최후의 반응을 보이듯, 님의 검은 가늘게 떨고 있습니다. 한 줄기 거센 불길로 세속의 감각을 모두 불태우는 순정(純正)한 불꽃과도 같이, 님의 검은 빛나고 있습니다.

아름답습니다, 별과 같은 보석들로 장식한 님의 팔찌는! 하지만, 천둥의 주인이여, 님의 검은 지고(至高)의 아름다움을 간직하도록 만들어진 것이기에, 바라만 보아도, 생각만 하여도 두려움이 앞섭니다.

---

* Visnu. 창조의 신인 브라마Brahma, 파괴 또는 변화의 신인 시바Shiva와 함께 힌두교의 최고 신 가운데 하나로, 세상을 유지하고 보존하는 역할을 한다.

54

나는 님께 아무것도 원하지 않았습니다. 나는 님의 귀에 내 이름을 속삭이지도 않았습니다. 님이 작별 인사를 하고 떠나실 때, 나는 조용히 서서 떠나는 님을 보냈습니다. 나무 그림자 비스듬히 드리워진 우물가에 나는 홀로 남아 있었지요. 다른 여인들은 모두 가장자리까지 물을 가득 채운 갈색 물동이를 이고 집으로 돌아갔습니다. 집으로 돌아가며 그녀들은 나를 불러 이렇게 소리쳤지요.「우리 함께 돌아가요, 이제 아침이 가고 한낮이 가까워 오네요.」하지만 나는 잠시 생각에 잠긴 채 멍하니 주위를 서성였습니다.

님이 오실 때 나는 님의 발걸음 소리를 듣지 못했습니다. 님의 눈길이 나를 향했을 때, 님의 눈은 슬픔에 잠겨 있었지요. 님이 낮은 목소리로 말씀하셨을 때, 님의 목소리에는 피로가 배어 있었고요.「아, 나는 목마른 나그네요.」나는 백일몽에서 놀란 듯 깨어나, 하나로 모은 님의 손바닥 위로 물동이의 물을 부어 드렸지요. 머리 위에서는 나뭇잎들이 살랑대고 있었고, 뻐꾸기가 보이지 않는 어둠 속에서 노래하고 있었습니다. 길모퉁이에서는 바블라* 꽃의 향기가 우리에게 다가왔지요.

*Babla. 이집트, 아라비아 반도, 인도를 원산지로 하는 고무나무의 일종. 상록수인 이 나무의 껍질, 잎, 꼬투리 등은 약용으로 널리 사용되며, 꽃은 향기가 좋으며 노란색이다.

님이 내 이름을 물었을 때, 나는 부끄러워 아무 말도 못했습니다. 정말이지, 님께서 나를 기억하실 수 있도록 내가 한 일이 무엇인지 모르겠습니다. 하지만 님의 목마름을 달래 주기 위해 내가 님께 물을 떠드릴 수 있었다는 사실, 그 사실이 기억으로 남아 내 마음을 떠나지 않을 것이고, 내 마음을 감미로운 추억으로 감쌀 것입니다. 이제 아침 시간이 다 가고, 새들은 지친 목소리로 노래하고 있습니다. 머리 위에서는 님나무**의 잎새들이 살랑대고, 나는 그 아래 앉아 생각에 잠기고 또 잠깁니다.

** Nim tree. 인도, 미얀마, 방글라데시, 스리랑카, 말레이시아, 파키스탄에 자생하는 마호가니 과의 상록수로, 지역에 따라 다른 이름으로 불린다. 님(Nim 또는 Neem)이라 부르는 곳은 인도 북부, 파키스탄, 벵골 지방이다. 성장 속도가 빠른 나무로, 15~20미터의 높이로 자라며 드물게는 35~40미터의 높이까지 자라기도 한다.

55

나른함이 그대의 마음을 지배하고 있고, 잠이 아직 그대의 눈에 서려 있나니.

가시나무 사이에 꽃이 만발해 있다는 소식을 그대는 아직 듣지 못했는가? 깨어나라! 오, 자리에서 일어나라! 헛되이 시간을 흘려보내지 마라!

돌 덮인 오솔길이 끝나는 곳에, 아무도 찾은 적 없는 순결한 전원의 고독 속에, 나의 친구가 홀로 앉아 있나니. 그를 속이지 말지어다. 깨어나라! 오, 자리에서 일어나라!

한낮의 태양이 내뿜는 열기에 하늘이 헐떡이고 전율한다 한들 어떠리! 작열하는 모래가 타오르는 갈증으로 짜인 옷감으로 대지를 감싼다 한들 어떠리!

그대 가슴 깊은 곳에 만남의 기쁨이 샘솟고 있지 않은가? 그대가 발걸음을 옮길 때마다 그대 발에 밟히는 길이 하프가 되어 감미로운 고통의 음악을 들려주지 않겠는가?

56

이렇게 님의 기쁨이 내 안에 충만해 있습니다. 이렇게 님은 나에게 오셨습니다. 오, 모든 천국의 주인인 님이여, 내가 아니라면 님의 사랑이 머물 곳은 어디인가요?

님은 이 모든 풍요를 함께 나눌 님의 동반자로 나를 택하셨지요. 내 마음 안에서 님의 즐거운 놀이가 끊임없이 이어집니다. 그리고 내 생명 안에서 님의 의지가 언제나 실현되고 있습니다.

그리고 이 때문에 왕 중의 왕인 님이 나의 마음을 사로잡기 위해 님의 모습을 아름답게 치장하셨습니다. 그리고 또 이 때문에 님의 사랑은 님이 사랑하는 사람의 사랑 속으로 자취를 감추었습니다. 그리하여 이제 님의 모습은 둘 사이의 완벽한 합일 안에서만 확인할 수 있습니다.

57

빛이여, 나의 빛이여, 세계를 가득 채우는 빛이여, 눈에 입맞춤을 퍼붓는 빛이여, 마음을 감미롭게 하는 빛이여!

아, 사랑하는 이여, 빛이 내 생명의 한복판에서 춤을 춥니다. 사랑하는 이여, 빛이 내 사랑의 현을 뜯기도 합니다. 하늘이 열리고, 바람이 거세게 불며, 웃음이 대지를 스치고 지나갑니다.

나비가 날개를 돛처럼 펴고 빛의 바다 위로 날아갑니다. 백합과 재스민이 빛의 파도 저 높은 곳에서 피어오릅니다.

사랑하는 이여, 빛은 온갖 구름에 닿아 황금 줄기들로 흩어지기도 하고, 풍요롭게 보석을 흩뿌리기도 합니다.

사랑하는 이여, 환희는 잎새에서 잎새로 번져 가고, 기쁨은 한이 없습니다. 천국의 강이 강둑을 잠기게 하더니, 기쁨의 홍수가 되어 아득히 먼 곳까지 세상을 뒤덮습니다.

58

 그 모든 기쁨의 선율들이 나의 마지막 노래에서 뒤섞이게 하소서. 대지를 풍성하고 분방한 풀잎으로 넘치게 하는 기쁨의 선율, 삶과 죽음이라는 쌍둥이 형제를 광활한 세계 위로 춤추며 돌아다니게 하는 기쁨의 선율, 온갖 생명을 웃음으로 뒤흔들고 일깨우면서 우레 같은 소리로 휘몰아 오는 기쁨의 선율, 활짝 핀 고통의 붉은 연꽃 위에서 눈물지으며 고요히 앉아 있는 기쁨의 선율, 그리고 자신이 지닌 모든 것을 흙먼지 위로 집어 던지는, 어떤 말로도 헤아려지지 않는 기쁨의 선율 — 그 모든 기쁨의 선율들이 나의 마지막 노래에서 뒤섞이게 하소서.

59

 그렇습니다, 나는 알고 있습니다, 이는 다만 님의 사랑일 뿐임을. 오, 내 마음 깊이 사랑하는 이여, 잎새들 위에서 춤추는 금빛 물결의 햇살이, 하늘을 가로질러 떠가는 이 나른한 구름들이, 내 이마 위에 서늘함의 자취를 남기고 지나가는 이 미풍이 님의 사랑임을 나는 알고 있습니다.

 아침 햇살이 내 눈을 흠뻑 적셔 주었습니다. 이는 내 마음에게 전하는 님의 사연임을 나는 알고 있습니다. 님의 얼굴이 높은 곳에서 굽어보고 있음을, 님의 두 눈이 내 두 눈을 내려다보고 있음을, 내 마음이 님의 발에 가닿아 있음을 나는 알고 있습니다.

60

세상의 끝없는 바닷가에 아이들이 모여 있습니다. 무한한 하늘은 저 높은 곳에 멈춰 있고, 휴식을 모르는 바다는 언제나 소란합니다. 세상의 끝없는 바닷가에서 아이들이 모여 소리치고 춤을 춥니다.

아이들은 모래로 집을 짓기도 하고, 빈 조개껍질을 가지고 놀기도 합니다. 마른 나뭇잎을 엮어 배를 만들기도 하고, 웃음 가득한 환한 표정으로 넓은 바다에 나뭇잎 배를 띄우기도 합니다. 아이들이 세상의 바닷가에서 놀고 있습니다.

아이들은 헤엄치는 법도 알지 못하고, 그물을 던지는 법도 알지 못합니다. 진주조개잡이 어부들은 진주를 찾아 바다로 뛰어들고, 상인들은 배를 타고 항해를 합니다. 그러는 동안 아이들은 조약돌을 모으고 다시 흩뜨려 놓습니다. 아이들은 숨겨진 보물을 찾지도 않고, 그물을 던지는 법도 알지 못합니다.

바다는 파도가 되어 웃으면서 해변으로 밀려오고, 해변은 창백한 미소로 희미하게 반짝입니다. 죽음을 흥정하기도 하는 파도는 아이들에게 뜻 모를 이야기를 노래로 들려줍니다. 아기의 요람을 흔들면서 노래를 흥얼거리는 어머니들처럼. 바다는 아이들과 함께 놀고, 해변은 창백한 미소로 희미하게 반짝입니다.

세상의 끝없는 바닷가에 아이들이 모여 있습니다. 길이

없는 하늘에서는 폭풍우가 돌아다니고, 자취가 남지 않는 바다에서는 배들이 난파합니다. 죽음은 바다 위를 떠돌지만, 아이들은 놀이에 열중합니다. 세상의 끝없는 바닷가에 아이들이 하나 가득 모여 있습니다.

61

아가의 눈 위로 가볍게 날아왔다 날아가는 잠, 그 잠이 어디에서 오는지 아는 사람이 있나요? 그렇습니다, 이런 소문이 있습니다. 반딧불이 희미하게 불을 밝혀 주는 숲의 어두운 그늘 사이에 요정의 마을이 있는데, 그곳에는 마법에 걸린 두 개의 수줍은 꽃봉오리가 가지에 매달려 있다고 하더군요. 바로 그 꽃봉오리가 잠이 머무는 보금자리랍니다. 잠은 그곳에서 나와 아가의 눈에 입 맞추러 온답니다.

잠들어 있는 아가의 입가에서 깜빡이는 미소, 그 미소가 어디에서 탄생했는지 아는 사람이 있나요? 그렇습니다, 이런 소문이 있습니다. 사라져 가는 가을날 구름의 가장자리에 초승달의 어리고 가냘픈 빛이 가닿았는데, 바로 그곳, 이슬에 씻긴 아침이 꿈을 꾸던 바로 그곳, 그곳에서 미소가 탄생했다고 합니다. 잠들어 있는 아가의 입가에서 깜빡이는 그 미소 말입니다.

아가의 팔과 다리에서 꽃처럼 환하게 피어나는 감미롭고 부드러운 신선함, 그 신선함이 어디에 그처럼 오랫동안 숨어 있었는지 아는 사람이 있나요? 그렇습니다, 아가의 엄마가 어린 소녀였을 때, 그 신선함은 부드럽고 고요한 사랑의 신비에 싸여 있던 소녀의 마음 구석구석까지 고루 스며들어 그곳에 숨어 있었다고 합니다. 아가의 팔과 다리에서 꽃처럼 환하게 피어나는 달콤하고도 부드러운 그 신선함 말입니다.

62

아가야, 너에게 예쁜 색깔의 장난감을 가져다주면서 나는 깨닫게 되었단다. 무엇 때문에 구름 위에서, 물 위에서, 수많은 색깔들이 즐거운 놀이를 하고 있는지를. 그리고 무엇 때문에 꽃들이 짙고 옅은 색깔로 단장하고 있는지를. 아가야, 너에게 예쁜 색깔의 장난감을 가져다주면서 말이야.

너를 춤추게 하려고 노래하면서 나는 정말로 알게 되었단다. 무엇 때문에 나무 잎새들 안에 음악이 있는지를. 그리고 무엇 때문에 파도들이 귀 기울이는 대지의 가슴에 합창 소리를 전해 주는지를. 너를 춤추게 하려고 노래하면서 말이야.

욕심쟁이 너의 손에 달콤한 사탕을 쥐어 주면서 나는 알게 되었단다. 무엇 때문에 꽃봉오리 안에 꿀이 있는지를. 그리고 무엇 때문에 과일은 아무도 모르게 달콤한 과즙을 듬뿍 담고 있는지를. 욕심쟁이 너의 손에 달콤한 사탕을 쥐어 주면서 말이야.

사랑하는 나의 아가야, 웃음꽃을 피우는 너를 보려고 네 얼굴에 입 맞추면서 나는 확실하게 깨닫게 되었단다. 햇빛 비치는 아침의 하늘에서 여울져 쏟아지는 기쁨이 어떤 것인지를. 그리고 여름날의 미풍이 내 몸에 선사하는 즐거움이 어떤 것인지를. 웃음꽃을 피우는 너를 보려고 네 얼굴에 입 맞추면서 말이야.

63

 님은 나를 이끌어, 알지 못하는 친구들과 어울리게 하셨습니다. 님은 또한 나의 집이 아닌 곳에 나를 머물게 해주셨습니다. 님은 먼 곳을 가깝게 하셨고, 낯선 이와 내가 형제가 되게 하셨습니다.

 늘 머물러 있던 안식처를 떠나야 할 때면 나는 마음이 불안해집니다. 새로운 것에 옛것이 깃들어 있음을, 그곳에 또한 님이 계심을 잊고 있기 때문입니다.

 이 세상에서든 또는 다른 세상에서든, 탄생과 죽음을 통해 님이 나를 어디로 이끌든, 내 마음을 항상 기쁨의 끈으로 낯선 세계와 연결해 주는 님이야말로 끝없이 이어지는 내 삶의 유일한 반려자, 언제나 한결같은 유일한 반려자이십니다.

 누구든 님을 알면, 이방인이 따로 있을 수 없고, 닫힌 문이 따로 있을 수 없지요. 오, 나의 기도를 받아 주셔서, 만물이 유희하는 곳 어디에나 계신 유일자(唯一者)인 님과 만나는 희열의 순간을 결코 잃지 않게 하소서.

64

풀잎이 무성하게 자란 황량한 강기슭에서 나는 그녀에게 물었습니다. 「아가씨, 옷섶으로 등(燈)을 감싸 안고 어디를 가시나요? 나의 집은 어둡고 쓸쓸하니, 당신의 등을 나에게 빌려 줄 수 있는지요?」 그녀는 잠시 검은 눈을 들어, 황혼의 어둠 속에서 내 얼굴을 쳐다보았습니다. 그리고 이렇게 말했습니다. 「서편으로 해가 지면 강물 위로 등을 띄우기 위해 나는 강을 찾아왔습니다.」 풀잎이 무성한 강기슭에 홀로 서서 나는 바라보았습니다. 그녀의 등에서 나오는 희미한 불빛이 헛되이 물결을 따라 떠가는 것을.

깊어만 가는 고요한 밤에 나는 그녀에게 물었습니다. 「아가씨, 당신의 등이 환하게 불을 밝히고 있군요. 당신은 등을 들고 어디로 가시나요? 나의 집은 어둡고 쓸쓸하니, 당신의 등을 나에게 빌려 줄 수 있는지요?」 그녀는 검은 눈을 들어 내 얼굴을 쳐다보고는 잠시 애매한 표정으로 그 자리에 서 있었습니다. 그리고 마침내 이렇게 말했습니다. 「나는 등을 하늘에 바치기 위해 이곳에 왔습니다.」 나는 서서 바라보았습니다, 그녀의 등이 헛되이 허공 속으로 타오르는 것을.

달도 떠 있지 않은 어두운 한밤중에 나는 그녀에게 물었습니다. 「아가씨, 가슴에 등을 안고 무엇을 찾아가시나요? 나의 집은 어둡고 쓸쓸하니, 당신의 등을 나에게 빌려 줄 수 있는지요?」 그녀는 잠시 멈추어 서서 생각에 잠기고는 어둠 속에서 내 얼굴을 응시했습니다. 그리고 이렇게 말했습니다. 「등불 축제에 참가하기 위해 나는 등을 가지고 왔습니다.」 나는 서서 바라보았습니다. 그녀의 작은 등이 무수한 등의 불빛 사이로 헛되이 사라지는 것을.

65

나는 생명으로 넘쳐흐르는 님의 잔입니다. 나의 신이여, 이 잔으로 님은 어떤 천상의 음료를 들려 하시나요?

나의 시인이여, 내 눈을 통해 님이 창조하신 것을 바라보는 것, 내 귀의 입구에 서서 님의 영원한 화음에 조용히 귀 기울이는 것, 그것이 님의 즐거움이겠지요?

님의 세계가 내 마음 안에서 가사를 엮고 있고, 님의 기쁨이 그 가사에 음악을 보태고 있습니다. 사랑으로 님은 님의 모든 것을 나에게 주십니다. 그리하여 님의 감미로움이 내 안에 송두리째 담겨 있음을 님은 느끼고 계십니다.

66

 나의 신이여, 희미한 빛이 감도는 황혼에도, 반짝이는 빛으로 덮인 새벽에도, 언제나 내 존재의 깊은 곳에 머물러 왔던 여인이 있습니다. 아침 햇살에 베일을 벗은 적이 단 한 번도 없는 그런 여인이 있습니다. 그 여인이 내가 님께 올리는 마지막 선물, 나의 마지막 노래로 감싸 님께 올리는 마지막 선물이 될 것입니다.

 말이 그녀의 사랑을 얻으려 했지만 실패하고 말았습니다. 설득이 열망의 팔을 그녀에게 뻗어 보았지만 헛된 일이었습니다.

 나는 내 마음의 심연 속에 그녀를 간직한 채 이 나라에서 저 나라로 떠돌아다녔습니다. 그리고 그녀의 주위에서 내 삶은 흥망성쇠를 거듭했습니다.

 그녀는 나의 생각과 행동을, 나의 잠과 꿈을 지배하고 있었지만, 홀로 떨어진 곳에 살았습니다.

 수많은 남자들이 나의 문을 두드리며 그녀를 원했으나, 절망 속에 돌아서야 했습니다.

 그녀와 얼굴을 마주한 사람은 이 세상에 아무도 없었습니다. 그녀는 다만 님이 알아주기를 기다리며 고독 속에 남아 있었습니다.

67

님은 하늘이며, 님은 보금자리입니다.

오, 아름다운 님이여, 보금자리 안에는 님의 사랑이 있어, 온갖 색깔과 온갖 소리와 온갖 향기로 영혼을 감싸고 있습니다.

아름다운 화환이 담긴 황금빛 바구니를 오른손에 들고, 아침이 찾아옵니다. 조용히. 대지의 머리를 아름답게 장식하기 위해.

이윽고 자취 없는 오솔길들을 따라 양 떼가 떠난 초원 위로, 쓸쓸한 초원 위로 저녁이 찾아옵니다. 휴식의 서쪽 대양에서 떠올린 시원한 평화의 물이 담긴 황금빛 주전자를 들고.

하지만 그곳, 영혼이 날아오를 수 있도록 하늘이 무한하게 펼쳐져 있는 바로 그곳, 그곳을 다스리는 것은 녹슬지 않는 순백(純白)의 찬란한 빛입니다. 그곳에는 낮도 없고 밤도 없으며, 형상도 없고 색채도 없습니다. 말[言]은 아예 존재하지도 않습니다.

68

 님의 햇살이 두 팔을 벌리고 이곳 내가 사는 세상으로 내려와 하루 종일 내 문 앞에 서 있습니다. 나의 눈물과 한숨과 노래로 짠 구름을 가져다 님의 발아래 올리기 위해.

 애정 어린 즐거운 마음으로 님은 눈물로 흐려진 구름의 옷감을 받아, 별들이 무수히 반짝이는 님의 가슴을 감쌉니다. 그런 다음 그 옷감을 수많은 모양으로 바꾸기도 하고, 헤아릴 수 없이 접고 또 접기도 하며, 볼 때마다 색깔이 바뀌는 물감으로 물들이기도 합니다.

 옷감은 가볍고 부드러우며 쉽게 손에 잡히지 않습니다. 그리고 슬프고 어둡습니다. 오, 티 없이 맑고 평온한 모습의 님이여, 님이 그 옷감을 사랑하는 것은 바로 이 때문입니다. 그 옷감이 환하게 빛나는 님의 장엄한 순백의 광채를 애처로운 그림자로 덮을 수 있는 것도 바로 이 때문입니다.

69

밤낮으로 내 혈관을 따라 흐르는 것과 마찬가지 생명의 물줄기가 세계를 관통하여 흐르고 또 율동에 맞춰 춤을 춥니다.

기쁨에 젖어 대지의 흙먼지를 뚫고 흘러나와 헤아릴 수 없이 많은 풀잎을 피우고, 나뭇잎들과 꽃들의 떠들썩한 물결로 용솟음치는 생명의 물줄기, 그것 역시 내 혈관을 흐르는 것과 마찬가지 생명의 물줄기입니다.

밀물과 썰물에 몸을 맡긴 채 탄생과 죽음이라는 대양의 요람 안에서 흔들리고 있는 생명의 물줄기, 그것 역시 내 혈관을 흐르는 것과 마찬가지 생명의 물줄기입니다.

이 생명의 세계가 베푸는 손길이 있기에 나의 팔과 다리가 영광스러운 것이 되었음을 나는 느낍니다. 그리고 내가 느끼는 이 자부심은 이 순간 내 핏속에서 춤추고 있는, 오랜 세월 이어져 온 생명의 맥박에서 비롯된 것입니다.

70

 이 율동의 즐거움에 즐거워하는 것, 이 두려운 기쁨의 소용돌이에 휘말려 요동치고, 길을 잃고, 부서지는 것은 님께 어울리지 않는 일일까요?

 삼라만상이 밀려옵니다. 멈추지도 않고, 뒤돌아보지도 않은 채, 어떤 힘으로도 제어할 수 없이, 다만 밀려올 뿐입니다.

 멈추지 않는 급류와 같은 이 음악에 보조를 맞춰 계절이 춤추며 왔다 지나갑니다. 온갖 빛깔과 곡조와 향기가 끊이지 않는 폭포처럼 밀려와 넘치는 기쁨이 되어 매 순간 사방으로 흩어지고, 잦아들고, 소멸합니다.

71

 내가 내 자신을 무한히 넓혀 이를 사방으로 향하게 하고, 그럼으로써 님의 찬란한 빛 위에 색색의 그림자를 드리우는 것 — 그것이 님이 소유한 마야*의 세계입니다.

 님은 자신의 존재 안에 벽을 세우고, 이로써 나누어진 님의 분신에 무수한 이름을 붙이되, 이름마다 다양한 선율을 부여하십니다. 이렇게 분화된 님의 분신이 내 안에서 모습을 갖춥니다.

 날카로운 노래가 내 마음 안에서 수많은 빛깔의 눈물과 미소가 되어, 놀람과 희망이 되어, 온 하늘에 메아리칩니다. 파도가 일었다 다시 가라앉고, 꿈이 깨어졌다 다시 모습을 갖춥니다. 스스로 자신을 멸(滅)하는 님이 내 안에 계신 것입니다.

 님이 세워 놓은 이 장막 위에 밤과 낮의 화필이 무수한 형상을 그려 놓았습니다. 그 장막 뒤에는 님의 자리가, 놀라울 만큼 신비로운 곡선으로 짜인 님의 자리가, 그 모든 삭막한 직선들을 거부하는 님의 자리가 있습니다.

 님과 내가 연출한 놀라운 장관(壯觀)이 하늘 가득 펼쳐져 있습니다. 님과 나의 곡조가 울리자 온 대기가 가늘게 떨리

---

* Maya. 인도 종교 철학의 핵심 개념 가운데 하나로, 〈환영(幻影)〉의 뜻을 갖는다. 또는 〈환영〉을 낳거나 유지하고 관리하는 힘 또는 신을 가리키기도 한다.

고, 님과 나 사이의 숨바꼭질이 이어지는 가운데 온 세월이 흐릅니다.

72

그는 가장 내밀한 곳에 머물면서, 깊고 은밀한 어루만짐으로 내 존재를 일깨워 주는 분입니다.

그는 이 두 눈을 황홀케 하고, 기쁜 마음으로 내 안의 심금(心琴)을 울려 다채로운 가락의 즐거움과 고통의 음악을 엮어 내는 분이기도 합니다.

그는 이 세상의 온갖 마야를 엮어, 보일 듯 보이지 않을 듯 미묘한 색조의 금빛과 은빛, 물빛과 풀빛의 천을 짜는 분, 그렇게 짠 천의 주름 사이로 자신의 발을 언뜻 내보이는 분이기도 합니다. 그런 그의 발에 닿으면 나는 그만 정신을 잃고 말지요.

나날은 다가오고 세월은 흐르지만, 수많은 이름으로, 수많은 모습으로, 수많은 기쁨과 슬픔의 황홀경으로 언제나 변함없이 내 마음을 감동케 하는 분은 바로 그입니다.

73

　나에게 구원은 금욕을 통해 이루어지는 것이 아닙니다. 수천 가지의 즐거움이 나를 구속하고 있을 때 나는 자유가 나를 포옹하고 있음을 느낍니다.

　님은 언제나 나를 위해 다채로운 빛깔과 향기를 지닌 님의 신선한 술을 따라 주십니다. 이 세속의 그릇이 차고 넘치도록.

　나의 세계는 님의 불꽃으로 수백의 서로 다른 등을 밝혀, 님의 신전에 있는 제단에 바칠 것입니다.

　아닙니다, 나는 결코 내 감각의 문을 닫지 않을 것입니다. 보고 듣고 만지는 즐거움이 님의 즐거움을 전할 테니까요.

　그렇습니다, 내 모든 환상이 타올라 기쁨의 환한 불꽃이 될 것입니다. 그리고 내 모든 욕망은 사랑의 열매로 익어 갈 것입니다.

74

 날이 저물어 대지에 땅거미가 내렸습니다. 이제 물동이를 채우러 물가로 가야 할 시간이 되었습니다.

 저녁의 대기가 강물의 슬픈 음악에 열중하고 있습니다. 아, 그 음악이 어스름 속으로 나를 불러내는군요. 쓸쓸한 오솔길에는 지나는 사람 하나 없고, 바람이 일어 강은 온통 잔물결로 가득합니다.

 내가 집으로 다시 돌아오게 될지 나는 알지 못합니다. 우연히 누군가를 만나게 될지도 나는 알지 못합니다. 나루터에 있는 작은 배 안에서 누군가가 류트를 타고 있습니다.

75

 보잘것없는 우리 인간에게 님이 주시는 선물, 그 선물은 우리의 온갖 욕구를 다 채워 주지만, 조금도 줄지 않은 채 다시 님에게로 돌아갑니다.

 날마다 해야 할 일이 있기에, 강은 여기저기 들판과 작은 마을을 서둘러 지나갑니다. 하지만 쉬지 않고 굽이쳐 흐르는 강물이 해야 할 마지막 일은 님의 발을 씻는 일입니다.

 꽃은 향기로 세상을 향기롭게 합니다. 하지만 꽃이 해야 할 마지막 일은 님께 자신을 바치는 일입니다.

 님을 경배한다 해서 세상이 더 가난해지는 것은 아닙니다.

 인간들은 시인의 말에서 마음을 즐겁게 하는 의미를 취하지만, 그 말의 마지막 의미는 님을 향한 것입니다.

76

 오, 내 생명의 주인이여, 날마다 님의 앞에 서서 님과 얼굴을 마주해도 될까요? 온 세상의 주인이여, 두 손 모아 님 앞에 서서 님과 얼굴을 마주해도 될까요?

 님의 거대한 하늘, 적막하고 고요한 그 하늘 아래 서서, 겸손한 마음으로 님과 얼굴을 마주해도 될까요?

 님의 소유인 이 험난한 세상에서, 노역과 갈등으로 어수선한 이 세상에서, 길을 재촉하는 사람들의 무리를 뚫고 님께 다가가 님과 얼굴을 마주해도 될까요?

 오, 왕 중의 왕이여, 이 세상에서 내가 해야 할 일을 모두 끝냈을 때, 홀로 말없이 님께 다가가 님과 얼굴을 마주해도 될까요?

77

 님이 나의 신임을 알기에 나는 님과 떨어져 있습니다. 님이 내 자신의 신임을 모르기에 나는 님께 다가가기도 합니다. 님이 나의 아버지임을 알기에 나는 님의 발아래 머리 숙입니다. 내 친구의 손을 잡듯 님의 손을 잡지는 않습니다.

 님이 내려오셔서 님을 나의 것이라 말씀해 주시는 바로 그곳에 내가 서 있음은 님을 내 가슴에 끌어안고 님을 나의 벗으로 맞이하기 위해서가 아닙니다.

 님은 나의 모든 형제들 가운데 형제이십니다. 나는 내 형제들의 말에 귀 기울이지도, 나의 소득을 그들과 나누지도 않습니다. 내 모든 것을 다만 님과 나누고자 할 뿐입니다.

 즐거울 때나 괴로울 때나 나는 사람들 곁에 있지 않고, 이처럼 님의 곁에 있습니다. 나에게는 내 생명을 단념하기가 망설여집니다. 그리하여 나는 인생의 거대한 바다 속으로 뛰어들지 않습니다.

78

만물이 갓 창조되고 모든 별들이 이제 막 처음으로 찬란한 빛을 던지기 시작했을 때, 신들이 하늘에 모여 노래를 불렀습니다. 「오, 완벽한 모습이로다! 순수한 기쁨이로다!」

하지만 그때 누군가가 갑자기 소리쳤습니다. 「빛의 사슬 어딘가가 끊어져 있는 것 같네요. 별 하나가 사라졌군요.」

신들이 연주하던 하프의 황금 줄이 끊어지고, 그들은 노래를 멈추었습니다. 그리고 낙담하여 이렇게 소리쳤습니다. 「그렇군요, 사라진 그 별은 별 중의 별, 온 하늘의 영광이었는데.」

그날부터 사라진 별을 찾는 일이 쉬지 않고 이어지고 있습니다. 그리고 그 별을 잃었기에 세상이 기쁨 하나를 잃었다는 외침이 이곳에서 저곳으로 계속 퍼져 나가고 있습니다!

오직 깊고 깊은 정적이 드리워진 밤이 되어서야 별들은 미소 지으며 이렇게 소곤거립니다. 「찾아보아야 헛된 일이지! 균열 없는 완벽함이 온 세상을 감싸고 있으니!」

79

 살아생전에 님을 만나는 것이 나에게 주어진 운명이 아니라 해도, 님의 모습에 대한 그리움을 항상 지니고 살게 하소서. 그리고 이 슬픔의 고통을 잠시라도 잊지 않게 하소서, 꿈을 꿀 때나 깨어 있을 때나 이 슬픔의 고통을 짊어지게 하소서.

 이 세상의 혼잡한 시장 바닥에서 하루가 지나고, 내 두 손에 세속의 재물이 감당할 수 없을 만큼 쌓이더라도, 내가 얻은 것은 아무것도 없음을 항상 느끼며 살게 하소서. 그리고 이 슬픔의 고통을 잠시라도 잊지 않게 하소서, 꿈을 꿀 때나 깨어 있을 때나 이 슬픔의 고통을 짊어지게 하소서.

 피로에 지쳐 헐떡이며 길가에 앉아 있을 때도, 흙먼지 위 낮은 곳에 침상을 펼칠 때도, 긴 여정이 아직 내 앞에 남아 있음을 항상 느끼며 살게 하소서. 그리고 이 슬픔의 고통을 잠시라도 잊지 않게 하소서, 꿈을 꿀 때나 깨어 있을 때나 이 슬픔의 고통을 짊어지게 하소서.

 내 방이 온갖 장식으로 덮여 있고, 피리 소리와 웃음소리로 요란할 때도, 내 집에 님을 모시지 않았음을 항상 느끼며 살게 하소서. 그리고 이 슬픔의 고통을 잠시라도 잊지 않게 하소서, 꿈을 꿀 때나 깨어 있을 때나 이 슬픔의 고통을 짊어지게 하소서.

80

오, 언제나 영광스러운 나의 태양이여, 나는 부질없이 하늘을 떠다니는 가을날의 한 조각 구름과 같은 존재입니다. 나를 녹이는 님의 손길이 닿지 않아 나는 아직 수증기로 남아 있을 뿐, 님의 빛과 하나가 되지 못했습니다. 그리하여 나는 님과 만나지 못한 채 달을 보내고 해를 보낼 뿐입니다.

만일 님이 원하시는 바가 이것이라면, 님이 즐기는 놀이가 이것이라면, 재빨리 흘러가는 공허한 나를 붙잡아 그 위에 갖가지 색깔을 입히고, 금빛으로 물들이소서. 그리고 변덕스러운 바람에 띄워, 온갖 놀라운 모습으로 퍼져 가게 하소서.

그리고 밤이 되어 이제 이 놀이를 그만두고 싶다는 뜻을 행여 님이 비치시면, 나는 녹아 어둠 속으로 사라질 것입니다. 아니면 하얀 아침의 미소 속에, 맑고 투명한 서늘함 속에 남아 있을지도 모르지요.

81

한가한 시간을 보내면서 시간이 헛되이 가버린다는 생각에 슬퍼하던 날들이 적지 않습니다. 하지만, 나의 주인이여, 이는 결코 헛되이 가버린 시간이 아닙니다. 님이 내 생명의 모든 순간을 손에 쥐고 계셨기 때문이지요.

님은 모든 사물의 깊은 곳에 숨어서, 씨앗을 싹트게 하고, 꽃봉오리를 활짝 피게 하며, 또 꽃을 열매로 무르익게 하십니다.

피로에 지친 나는 나른한 잠의 나락에 빠져, 온 세상이 정지되었다고 생각했었습니다. 하지만 아침에 일어나 나는 나의 정원이 경이로운 꽃들로 가득 차 있는 것을 보았습니다.

82

 나의 주인이여, 님이 손에 쥐고 있는 시간은 무한합니다. 님의 시간을 잴 수 있는 사람은 아무도 없습니다.

 밤과 낮이 헤아릴 수 없이 지나고, 세월은 꽃처럼 피었다가 시듭니다. 님은 기다릴 줄 아는 분입니다.

 님은 한 송이 작은 야생화를 완성하기 위해 백 년의 세월을 보내고 다시 또 백 년의 세월을 보냅니다.

 우리에게는 낭비할 시간이 없습니다. 시간이 없기에 우리는 순간의 기회를 잡으려 다투어 몰려듭니다. 머뭇거리기에는 우리가 너무도 가난합니다.

 그리하여 흘러가는 것은 시간입니다. 시간을 자기 것이라 주장하는 모든 떼쟁이들에게 내가 이를 양보하는 사이에. 마지막 순간까지 님의 제단이 아무 제물도 없이 텅 비어 있음은 이 때문입니다.

 하루해가 다 지나갈 무렵 나는 님의 문이 닫힐까 두려워 서둡니다. 하지만 아직 시간이 남아 있음을 깨닫습니다.

83

어머니, 나는 내 슬픔의 눈물로 진주 목걸이를 엮어 당신의 목에 걸어 드리려 합니다.

별들은 빛을 엮어 당신의 발을 장식할 장신구를 만들었습니다만, 나의 장신구는 당신의 가슴을 수놓을 것입니다.

부귀와 명예는 당신에게서 나오며, 이를 베푸는 것도 당신이고 거둬들이는 것도 당신입니다. 하지만 나의 이 슬픔은 누가 뭐라 해도 나의 것입니다. 내가 이 슬픔을 당신께 제물로 바치면, 당신은 그 보답으로 은총을 내려 주십니다.

84

 이별의 고통이 온 세상을 뒤덮고 끝없는 하늘에 무수한 형상을 만들고 있습니다.
 이 이별의 슬픔은 밤새 이 별에서 저 별로 조용히 눈길을 주다가, 비 내리는 7월의 어둠 속 서걱대는 나뭇잎 사이에서 시(詩)가 됩니다.
 온 세상을 뒤덮는 이 아픔이 인간이 거주하는 곳에서 사랑과 갈망으로, 고통과 환희로 깊어만 갑니다. 그리고 이 아픔이 녹아 노래가 되어 흐릅니다, 내 안에 있는 시인의 마음을 통해.

85

 무사들이 주군(主君)의 방에서 막 나왔을 때, 그들은 그들의 힘을 어디에 숨겨 놓았던 것일까요? 그들의 갑옷과 무기는 어디에 있었던 것일까요?

 그들은 가련하고 무기력해 보였습니다. 그리고 그들이 주군의 방에서 나오던 날 화살이 소나기처럼 그들에게 쏟아졌습니다.

 무사들이 다시금 주군의 방으로 행군해 들어갔을 때, 그들은 그들의 힘을 어디에 숨겨 놓은 것일까요?

 그들은 검을 내려놓고 활과 화살을 내려놓았습니다. 그들의 이마에는 평화가 깃들어 있었지요. 그리고 그들이 다시금 주군의 방으로 행군해 들어가던 날 그들은 그들 뒤에 생명의 열매를 남겨 놓았습니다.

86

 님의 하인인 죽음이 내 집 문 앞에 와 있습니다. 그는 알 수 없는 바다를 건너 나의 집으로 님의 부르심을 전하러 왔습니다.

 밤은 어둡고, 내 가슴에는 두려움이 가득합니다. 하지만 나는 등불을 들고 가서 문을 열고, 그에게 고개 숙여 환영의 인사를 올릴 것입니다. 문 앞에 서 있는 이, 그는 님의 사자(使者)이기 때문입니다.

 나는 두 손을 모으고 눈물로 그를 모실 것입니다. 나는 그를 모셔 그의 발아래 내 마음의 보배를 바칠 것입니다.

 그는 나의 아침에 어두운 그림자를 남겨 놓은 채, 맡은 바 사명을 완수하고 돌아갈 것입니다. 그리고 쓸쓸한 나의 집에는 의지할 곳 없는 나의 자아만이 남을 것입니다. 님께 바치는 나의 마지막 제물이 되어.

87

한 가닥 헛된 희망을 품고 나는 내 방으로 가서, 구석구석을 돌아다니며 그녀를 찾습니다. 하지만 나는 그녀를 찾을 수 없습니다.

나의 집은 작고, 그곳에서 한번 사라진 것은 그것이 무엇이든 결코 되찾을 수 없습니다.

하지만, 나의 주인이여, 님의 저택은 무한히 큽니다. 그녀를 찾아, 나는 님이 머무는 저택의 문 앞에 와 있습니다.

님의 저녁 하늘이 만들어 놓은 황금빛 차양 아래 서서, 나는 갈망에 찬 눈을 들어 님을 바라봅니다.

나는 지금 아무것도 사라질 수 없는 영원의 가장자리에, 그 어떤 희망도, 그 어떤 행복도, 눈물에 젖어 응시하던 얼굴의 그 어떤 모습도 사라질 수 없는 영원의 가장자리에 와 있습니다.

오, 공허한 내 삶을 저 대양에 담가 주소서. 깊은 곳 바닥까지 충만한 그 대양으로 나를 던지소서. 전일(全一)한 우주 안에서 단 한 번이라도 감미로운 손길을, 잃어버린 손길을 느끼게 하소서.

88

폐허가 된 사원의 신이여! 줄이 끊긴 비나*는 이제 더 이상 당신을 찬미할 수 없습니다. 저녁 종소리도 더는 당신을 위한 경배의 시간을 알려 주지 않습니다. 세상은 고요하고, 당신의 주위는 적막하기만 합니다.

정처 없이 떠다니던 봄바람이 당신의 쓸쓸한 거처를 찾아옵니다. 봄바람은 꽃 소식을 전해 주지만, 이제 그 꽃을 당신의 제단에 바칠 사람은 아무도 없습니다.

그 옛날 당신을 경배하던 사람이 아직 허락받지 못한 은총을 여전히 갈망하며 방황하고 있습니다. 불꽃과 그림자가 지상의 어둠과 뒤섞이는 저녁이 오면, 그는 피곤한 몸을 이끌고 마음 가득 허기를 간직한 채 폐허가 된 사원으로 돌아옵니다.

폐허가 된 사원의 신이여, 수많은 축제의 날들이 침묵 속에서 당신을 찾아옵니다. 그리고 등불이 밝혀지지 않은 채 수많은 경배의 밤들이 지나갑니다.

교묘한 솜씨를 자랑하는 장인들이 수없이 새로운 신의 형상들을 만들지만, 최후의 시간이 오면 그 형상들은 성스러운 망각의 개울로 옮겨집니다.

오직 폐허가 된 사원의 신만이 영원한 무관심 속에 내던

---

* Vina(또는 Veena). 인도의 전통 현악기로 4개의 현을 뜯어 연주하게 되어 있으며, 둥근 반구형의 울림통과 기다란 목으로 이루어져 있다.

져진 채 경배를 받지 못하고 있을 뿐입니다.

89

내 입에서는 더 이상 시끄럽고 요란한 말들이 나오지 않을 것입니다. 그것이 내 주인의 뜻이니까요. 이제부터 나는 속삭이듯 말할 것입니다. 내 마음의 말은 나지막하게 속삭이는 노래로 전달될 것입니다.

사람들은 서둘러 왕의 장터로 몰려갑니다. 물건을 사고파는 사람들 모두가 그곳에 모여 있습니다. 하지만 나는 한낮에, 한창 세상이 바쁘게 돌아갈 때, 때 이른 작별 인사를 할 것입니다.

그러니 아직 철은 아니지만 내 정원의 꽃들이 피게 하소서. 한낮의 벌들에게 나른한 웅얼거림의 노래를 시작하게 하소서.

수많은 시간을 쉬지 않고 나는 선과 악의 투쟁 속에 보냈습니다. 하지만 이제 나는 내 놀이 동무가 원하는 대로 한가한 시간을 즐길 것입니다, 내 마음을 그에게 기댄 채. 무슨 연유로 이처럼 갑작스럽게 나를 헛되고 엉뚱한 일로 이끄는지, 나는 그 이유를 알지 못합니다.

90

죽음이 그대의 문을 두드리는 날, 그대는 무엇을 죽음에게 바칠 것인가?

오, 나는 내 생명이 가득 담긴 그릇을 나의 손님 앞에 내놓을 것입니다. 나는 결코 그를 빈손으로 돌아가게 하지 않을 것입니다.

내 모든 가을낮과 여름밤의 감미로운 포도주를, 분주했던 내 삶이 얻은 모든 소득과 수확을 그의 앞에 바칠 것입니다. 죽음이 나의 문을 두드리는 내 생명의 마지막 날이 오면.

91

 오, 마침내 삶을 완성하는 이, 그대 죽음이여, 나의 죽음이여, 나에게 다가와 속삭여 주오.

 나는 그대가 오는가 지켜보며 나의 나날을 보냈으며, 그대를 위해 삶의 기쁨과 고통을 견디어 왔습니다.

 내 모든 것, 내가 가진 모든 것, 내 모든 희망, 내 모든 사랑은 언제나 깊고 은밀하게 그대를 향해 흐름을 이어 왔습니다. 그대의 마지막 눈짓 하나에 나의 생명은 영원히 그대의 것이 될 것입니다.

 꽃을 엮어 화환을 만들었으니, 이제 신랑을 맞이할 준비가 되었습니다. 혼례의 의식이 거행된 다음, 신부는 집을 떠나 밤의 고독 속에 홀로 그녀의 주인을 만날 것입니다.

92

더 이상 이 세상을 볼 수 없는 날이 오리라는 것을, 내 눈 위로 마지막 장막이 드리워지는 가운데 생명이 조용히 작별인사를 하리라는 것을 나는 알고 있습니다.

하지만 별들은 밤마다 지켜볼 것이고, 아침이 되면 태양은 어제처럼 떠오를 것입니다. 그리고 시간은 즐거움과 고통을 토해 내며 바다의 물결처럼 굽이칠 것입니다.

이 같은 내 삶의 마지막 순간들을 생각하노라면, 모든 시간의 장벽이 무너집니다. 그리고 죽음의 빛에 의지하여 나는 꾸밈없는 천연의 보물로 가득 찬 님의 세계를 엿봅니다. 그곳에서는 더할 수 없이 비천한 자리도 찾아보기 어렵고, 더할 수 없이 비참한 삶도 찾아보기 어렵습니다.

내가 헛되이 갈망해 왔던 모든 것과 내가 지니고 있는 모든 것을 버리게 하소서. 그리고 내가 늘 얕보고 무시하던 것들을 진정으로 소유하게 하소서.

93

 이제 나는 떠날 허락을 받았으니, 나의 형제들이여, 나에게 작별 인사를 해다오! 그대들 모두에게 고개 숙여 인사하고, 나는 이제 길을 떠나련다.

 여기 내 집의 열쇠들을 돌려주마. 나는 내 집에 대한 모든 권리를 포기하고자 한다. 그대들에게 내가 원하는 것은 다만 마지막 정다운 작별의 말뿐!

 우리는 오랫동안 이웃해서 살았고, 나는 내가 받을 수 있는 것보다 더 많은 것을 그대들에게서 받았지. 이제 날은 밝았고, 내 어두운 구석을 밝혀 주던 등불도 꺼졌구나. 소환장이 도착했고, 이제 나는 떠날 채비가 다 되었다.

94

길 떠나려 하는 이 순간, 나의 친구들이여, 나에게 행운을 빌어 다오! 하늘은 여명으로 발갛게 물들어 있고, 내 앞에 드리워진 길은 아름답기만 하다네.

내가 무엇을 가지고 그곳으로 가는지 묻지 말아 다오. 나는 다만 기대에 찬 마음과 빈손으로 내 여정을 시작할 것이니.

나는 내 몸을 혼례를 위한 화환으로 장식할 것이라네. 내가 입고 갈 옷은 나그네를 위한 적갈색 옷이 아니지. 그리고 내가 가는 길에 위험이 닥친다 해도 내 마음에는 두려울 것이 없다네.

내 여정이 끝날 때면 저녁 별이 뜨고, 왕의 저택에 이르는 길에서 구슬픈 황혼의 가락이 울려 퍼지겠지.

95

나에게는 이 생명의 문지방을 처음 넘던 그 순간에 대한 기억이 남아 있지 않습니다.

한밤의 숲 속에서 꽃봉오리가 피어나듯, 이 광활한 신비의 세계로 문을 열어 나를 피어나게 한 힘은 그 어떤 미지의 힘일까요!

세상의 아침으로 나와 햇살을 바라보는 바로 그 순간, 나는 즉시 내가 이 세상에서 이방인이 아님을 느꼈습니다. 이름도 없고 형상도 없는 불가사의한 힘이 내 어머니의 형상으로 나를 팔에 안고 있음도 나는 즉시 느꼈습니다.

마찬가지로, 죽음에 이르러서도 똑같은 미지의 힘이 일찍이 나에게 그랬던 것처럼 낯익은 모습으로 다가올 것입니다. 그리고 나는 이 생명을 사랑하기에 죽음 역시 마찬가지로 사랑할 것임을 알고 있습니다.

엄마가 오른쪽 젖가슴에서 젖을 빨던 아기를 떼어 내면 아기는 울 것입니다. 하지만 아기는 곧 왼쪽 젖가슴에서 위안을 되찾고 울음을 그칠 것입니다.

96

내가 본 세상은 너무나 아름다웠습니다. 이것이 이 세상을 떠날 때 내가 하는 작별의 말이 되게 하소서.

드넓은 빛의 대양 위에 활짝 펼쳐져 있는 연꽃이 숨기고 있는 꿀을 맛보았으니, 나는 축복받은 사람입니다. 이것이 내가 하는 작별의 말이 되게 하소서.

무한한 형상들로 가득 찬 이 놀이터에서 나는 한껏 놀았으며, 바로 이곳에서 나는 형상이 없는 님의 모습을 언뜻 보기도 했습니다.

내 몸 전체와 팔과 다리는 감각의 한계를 초월하여 존재하는 님의 손길에 감동의 전율을 느끼기도 했습니다. 만일 여기에서 내 생명을 끝맺고자 하신다면, 그렇게 하소서. 이것이 내가 하는 작별의 말이 되게 하소서.

97

내가 님과 함께 놀이를 할 때 나는 님이 누구인지 한 번도 물은 적이 없습니다. 나는 부끄러움도 모르고 두려움도 몰랐으며, 내 삶의 현장은 떠들썩하기만 했습니다.

이른 아침마다 님은 나의 벗이 되어, 나를 불러 잠에서 깨어나게 하셨고, 숲 속의 빈터에서 빈터로 달리도록 나를 이끌곤 하셨습니다.

그 시절 나는 님이 나에게 들려주는 노래의 의미가 무엇인지 관심조차 갖지 않았습니다. 다만 내 목소리에 님의 곡조를 담았을 뿐입니다. 그리고 내 마음은 그 운율에 맞춰 춤을 추었을 뿐입니다.

놀이의 시간이 끝난 이 순간, 느닷없이 내 눈앞에 펼쳐지는 이 광경이 말해 주는 것은 무엇일까요? 세계가 눈을 내리깔고 님의 발을 응시한 채 서 있군요, 세상의 모든 고요한 별들과 함께 경이에 젖어.

98

나는 나의 패배를 말해 주는 기념물들과 화환들로 님을 장식할 것입니다. 내가 결코 할 수 없는 일이 있으니, 이는 님께서 나를 정복할 것이 두려워 도피하는 것입니다.

나는 내 자부심이 벽에 부딪히리라는 것을, 감당할 수 없는 고통 때문에 내 생명이 자신을 움켜잡고 있는 인연의 끈을 터뜨리리라는 것을 잘 알고 있습니다. 그리고 텅 빈 내 마음이 속 빈 갈대처럼 음악에 맞춰 훌쩍이리라는 것도, 또한 돌이 녹아 눈물을 흘리리라는 것도 잘 알고 있습니다.

나는 또한 수백 송이의 연꽃이 꽃잎을 영원히 닫고 있지는 않으리라는 것도, 은밀하게 숨겨져 있는 연꽃의 꿀이 언젠가는 햇빛을 보리라는 것도 잘 알고 있습니다.

푸른 하늘에서 눈이 하나 나를 응시하다가 말없이 나를 부를 것입니다. 아무것도 나에게는 남지 않을 것입니다. 그것이 무엇이든 아무것도. 나는 다만 님의 발아래에서 절대적인 죽음을 맞이할 것입니다.

99

 만일 내가 배의 조타 장치를 포기한다면, 님이 나를 대신하여 그것을 잡을 때가 되었다는 것을 알기 때문입니다. 이루어져야 할 일들은 모두 지체 없이 이루어질 것입니다. 이처럼 공연히 버둥거려 봐야 소용이 없지요.

 그러니, 내 마음이여, 그대의 손을 거둬들이고, 침묵 속에서 그대의 패배를 받아들이길! 그리고 그대에게 주어진 자리에 아무런 간섭 없이 조용히 앉아 있을 수 있게 된 것을 행운으로 여기길!

 나의 이 등불들은 숨결같이 미약한 한 줄기의 바람에도 꺼지고 맙니다. 그리고 나는 꺼진 등에 불을 붙이려 애를 쓰다 다른 모든 일을 잊고 또 잊습니다.

 하지만 이번에는 현명한 사람이 되어 어둠 속에서 기다릴 것입니다. 바닥에 자리를 깔아 놓은 채. 나의 주인이여, 언제든 님이 원하실 때 조용히 오셔서, 여기 이 자리를 차지하소서.

100

형상을 초월하여 존재하는 완벽한 진주를 얻고자 하는 희망을 품고, 나는 온갖 형상으로 가득 찬 대양의 깊은 곳으로 뛰어듭니다.

나는 더 이상 비바람에 지친 이 배를 이 항구에서 저 항구로 띄우지 않을 것입니다. 나의 배를 파도에 흔들리며 떠다니도록 할 수 있는 날들은 이미 오래전에 지났습니다.

이제 나는 기꺼운 마음으로 죽음을 받아들여, 죽음이 다시 나를 찾지 않는 세계로 가고자 합니다.

울림이 없는 음악의 선율이 굽이쳐 흐르는 심연, 깊이를 알 수 없는 그 심연 가까이에 있는 회당 안으로 나는 내 삶의 하프를 가지고 가렵니다.

나는 영원의 선율에 내 하프를 조율할 것입니다. 그리고 내 하프가 흐느끼듯 마지막 가락을 다 들려주면 침묵에 잠긴 내 악기를 침묵에 잠겨 있는 님의 발아래 내려놓을 것입니다.

101

 한평생 쉬지 않고 나는 내 노래와 함께 님을 찾아 헤맸습니다. 이 문에서 저 문으로 나를 이끈 것은 내 노래였지요. 나는 내 노래와 함께 내 주변을 더듬고 다녔습니다, 나의 세계를 찾아 손끝으로 느끼면서.

 내가 배운 모든 교훈을 나에게 가르쳐 준 것은 내 노래였습니다. 내 노래가 나를 비밀의 오솔길로 안내하기도 하고, 내 마음의 지평선 위에 있던 수많은 별들을 내 눈앞으로 가져오기도 했습니다.

 내 노래가 온종일 나를 이끌어 기쁨과 고통의 나라로 떠돌게 했고, 그러는 가운데 온갖 신비와 만나게 했습니다. 마침내 저녁이 되어 내 여정이 마감되는 이 순간, 내 노래가 나를 인도하여 온 곳은 어느 궁전의 문 앞입니다. 이는 누구의 궁전인가요?

102

  사람들에게 나는 내가 님을 알고 있다고 자랑했습니다. 사람들은 나의 온갖 작품에서 님의 형상을 봅니다. 그들이 나에게 다가와 이렇게 묻습니다. 「그는 누구지요?」 그들의 물음에 나는 무어라 대꾸해야 할지 모릅니다. 「정말이지, 나는 그가 누구인지 모릅니다.」 내가 이렇게 말하면, 사람들은 나를 나무라고는 비웃음을 흘리며 가버립니다. 그런데 님께서는 미소를 머금고 그곳에 앉아 계실 뿐입니다.

  나는 님에 대한 나의 이야기를 끝없이 이어지는 노래 안에 담았습니다. 아무도 모르는 비밀이 내 마음에서 샘솟듯 솟아 나옵니다. 사람들이 나에게 다가와 이렇게 묻습니다. 「당신의 노래가 무엇을 뜻하는지 나에게 모두 말해 주시오.」 그들의 요구에 나는 무어라 대꾸해야 할지 모릅니다. 「아, 그것이 무엇을 뜻하는지 누가 알겠습니까?」 내가 이렇게 말하면, 사람들은 미소 짓고는 마음껏 비웃음을 흘리며 가버립니다. 그런데 님께서는 미소를 머금고 그곳에 앉아 계실 뿐입니다.

103

나의 신이여, 님께 경배하며 기원하나니, 나의 온 감각을 넓게 펼치시어, 님의 발아래 있는 이 세상에 가닿게 하소서.

님께 경배하며 기원하나니, 아직 흩뿌리지 않은 소나기의 무게로 낮게 드리워진 7월의 비구름처럼, 님의 문 앞에서 나의 온 마음을 낮추게 하소서.

님께 경배하며 기원하나니, 내 모든 노래의 온갖 다채로운 선율을 하나의 흐름으로 모아, 침묵의 바다로 흐르게 하소서.

님께 경배하며 기원하나니, 고향 집이 그리워 밤낮으로 날아 산속의 옛 둥지로 돌아가는 한 무리의 두루미처럼, 내 온 생명을 영원의 안식처로 떠나게 하소서.

Gitanjali

* 타고르는 벵골어로 157편의 시편을 써 1910년 〈기탄잘리〉라는 제목으로 출간했다. 이후 벵골어판 『기탄잘리』에서 52편, 또 다른 벵골어 시집 『노래의 화환 *Gitimalya*』(1914)에서 17편, 『나이베디아 *Naivedya*』(1901)에서 15편, 『케야 *Kheya*』(1906)에서 11편 등을 뽑아 총 103편의 영시로 번역, 1912년 영국에 소개했다. 타고르는 번역 과정에서 벵골어 시 두 편을 하나로 합치기도 하는 등 과감한 번역을 시도했고, 이 영어판 『기탄잘리』로 1913년 노벨 문학상을 수상했다. 스웨덴 학술원이 〈고도로 민감하며 신선하고 아름답다. 그는 완벽한 기술로 자신의 시적 사유를 자신의 영어로 표현해 냈다〉고 평가한 만큼 완성도 있는 번역이다. 여기에 그 번역문을 소개한다.

1

Thou hast made me endless, such is thy pleasure.
> This frail vessel thou emptiest again and again, and fillest it ever with fresh life.

This little flute of a reed thou hast carried over hills and dales, and hast breathed through it melodies eternally new.

At the immortal touch of thy hands my little heart loses its limits in joy and gives birth to utterance ineffable.

Thy infinite gifts come to me only on these very small hands of mine. Ages pass, and still thou pourest, and still there is room to fill.

2

When thou commandest me to sing it seems that my heart would break with pride; and I look to thy face, and tears come to my eyes.

All that is harsh and dissonant in my life melts into one
    sweet harmony — and my adoration spreads wings
    like a glad bird on its flight across the sea.
I know thou takest pleasure in my singing. I know that
    only as a singer I come before thy presence.
I touch by the edge of the far spreading wing of my song
    thy feet which I could never aspire to reach.
Drunk with the joy of singing I forget myself and call
    thee friend who art my lord.

3

I know not how thou singest, my master! I ever listen
    in silent amazement.
The light of thy music illumines the world. The life
    breath of thy music runs from sky to sky. The holy
    stream of thy music breaks through all stony
    obstacles and rushes on.
My heart longs to join in thy song, but vainly struggles
    for a voice. I would speak, but speech breaks not
    into song, and I cry out baffled. Ah, thou hast made
    my heart captive in the endless meshes of thy music,
    my master!

4

Life of my life, I shall ever try to keep my body pure,
    knowing that thy living touch is upon all my limbs.
I shall ever try to keep all untruths out from my
    thoughts, knowing that thou art that truth which
    has kindled the light of reason in my mind.
I shall ever try to drive all evils away from my heart and

keep my love in flower, knowing that thou hast thy
seat in the inmost shrine of my heart.

And it shall be my endeavour to reveal thee in my
actions, knowing it is thy power gives me strength
to act.

5

I ask for a moment's indulgence to sit by thy side. The
works that I have in hand I will finish afterwards.

Away from the sight of thy face my heart knows no rest
nor respite, and my work becomes an endless toil
in a shoreless sea of toil.

To-day the summer has come at my window with its
sighs and murmurs; and the bees are plying their
minstrelsy at the court of the flowering grove.

Now it is time to sit quite, face to face with thee, and to
sing dedication of life in this silent and overflowing
leisure.

6

Pluck this little flower and take it, delay not! I fear lest it
droop and drop into the dust.

I may not find a place in thy garland, but honour it with
a touch of pain from thy hand and pluck it. I fear
lest the day end before I am aware, and the time of
offering go by.

Though its colour be not deep and its smell be faint, use
this flower in thy service and pluck it while there is
time.

7

My song has put off her adornments. She has no pride of dress and decoration. Ornaments would mar our union; they would come between thee and me; their jingling would drown thy whispers.

My poet's vanity dies in shame before thy sight. O master poet, I have sat down at thy feet. Only let me make my life simple and straight, like a flute of reed for thee to fill with music.

8

The child who is decked with prince's robes and who has jewelled chains round his neck loses all pleasure in his play; his dress hampers him at every step.

In fear that it may be frayed, or stained with dust he keeps himself from the world, and is afraid even to move.

Mother, it is no gain, thy bondage of finery, if it keep one shut off from the healthful dust of the earth, if it rob one of the right of entrance to the great fair of common human life.

9

O Fool, to try to carry thyself upon thy own shoulders! O beggar, to come to beg at thy own door!

Leave all thy burdens on his hands who can bear all, and never look behind in regret.

Thy desire at once puts out the light from the lamp it touches with its breath. It is unholy — take not thy gifts through its unclean hands. Accept only what is offered by sacred love.

10

Here is thy footstool and there rest thy feet where live the poorest, and lowliest, and lost.

When I try to bow to thee, my obeisance cannot reach down to the depth where thy feet rest among the poorest, lowliest, and lost.

Pride can never approach to where thou walkest in the clothes of the humble among the poorest, and lowliest, and lost.

My heart can never find its way to where thou keepest company with the companionless among the poorest, the lowliest, and the lost.

11

Leave this chanting and singing and telling of beads! Whom dost thou worship in this lonely dark corner of a temple with doors all shut? Open thine eyes and see thy God is not before thee!

He is there where the tiller is tilling the hard ground and where the pathmaker is breaking stones. He is with them in sun and in shower, and his garment is covered with dust. Put off thy holy mantle and even like him come down on the dusty soil!

Deliverance? Where is this deliverance to be found? Our master himself has joyfully taken upon him the bonds of creation; he is bound with us all for ever.

Come out of thy meditations and leave aside thy flowers

and incense! What harm is there if thy clothes become tattered and stained? Meet him and stand by him in toil and in sweat of thy brow.

12

The time that my journey takes is long and the way of it long.
I came out on the chariot of the first gleam of light, and pursued my voyage through the wildernesses of worlds leaving my track on many a star and planet.
It is the most distant course that comes nearest to thyself, and that training is the most intricate which leads to the utter simplicity of a tune.
The traveller has to knock at every alien door to come to his own, and one has to wander through all the outer worlds to reach the innermost shrine at the end.
My eyes strayed far and wide before I shut them and said "Here art thou!"
The question and the cry "Oh, where?" melt into tears of a thousand streams and deluge the world with the flood of the assurance "I am!"

13

The song that I came to sing remains unsung to this day.
I have spent my days in stringing and in unstringing my instrument.
The time has not come true, the words have not been rightly set; only there is the agony of wishing in my heart.
The blossom has not opened; only the wind is sighing by.

I have not seen his face, nor have I listened to his voice; only I have heard his gentle footsteps from the road before my house.

The livelong day has passed in spreading his seat on the floor; but the lamp has not been lit and I cannot ask him into my house.

I live in the hope of meeting with him; but this meeting is not yet.

14

My desires are many and my cry is pitiful, but ever didst thou save me by hard refusals; and this strong mercy has been wrought into my life through and through.

Day by day thou art making me worthy of the simple, great gifts that thou gavest to me unasked — this sky and the light, this body and the life and the mind — saving me from perils of over-much desire.

There are times when I languidly linger and times when I awaken and hurry in search of my goal; but cruelly thou hidest thyself from before me.

Day by day thou art making me worthy of thy full acceptance by refusing me ever and anon, saving me from perils of weak, uncertain desire.

15

I am here to sing thee songs. In this hall of thine I have a corner seat.

In thy world I have no work to do; my useless life can only break out in tunes without a purpose.

When the hour strikes for thy silent worship at the dark

temple of midnight, command me, my master, to
stand before thee to sing.
When in the morning air the golden harp is tuned,
honour me, commanding my presence.

16

I have had my invitation to this world's festival, and thus
my life has been blessed. My eyes have seen and my
ears have heard.
It was my part at this feast to play upon my instrument,
and I have done all I could.
Now, I ask, has the time come at last when I may go in
and see thy face and offer thee my silent salutation?

17

I am only waiting for love to give myself up at last into
his hands. That is why it is so late and why I have
been guilty of such omissions.
They come with their laws and their codes to bind me
fast; but I evade them ever, for I am only waiting for
love to give myself up at last into his hands.
People blame me and call me heedless; I doubt not they
are right in their blame.
The market day is over and work is all done for the busy.
Those who came to call me in vain have gone back
in anger. I am only waiting for love to give myself up
at last into his hands.

18

Clouds heap upon clouds and it darkens. Ah, love, why
    dost thou let me wait outside at the door all alone?
In the busy moments of the noontide work I am with the
    crowd, but on this dark lonely day it is only for thee
    that I hope.
If thou showest me not thy face, if thou leavest me
    wholly aside, I know not how I am to pass these
    long, rainy hours.
I keep gazing on the far away gloom of the sky, and my
    heart wanders wailing with the restless wind.

19

If thou speakest not I will fill my heart with thy
    silence and endure it. I will keep still and wait like
    the night with starry vigil and its head bent low with
    patience.
The morning will surely come, the darkness will vanish,
    and thy voice pour down in golden streams breaking
    through the sky.
Then thy words will take wing in songs from every one of
    my birds' nests, and thy melodies will break forth in
    flowers in all my forest groves.

20

On the day when the lotus bloomed, alas, my mind was
    straying, and I knew it not. My basket was empty
    and the flower remained unheeded.
Only now and again a sadness fell upon me, and I started

up from my dream and felt a sweet trace of a strange
fragrance in the south wind.

That vague sweetness made my heart ache with longing
and it seemed to me that is was the eager breath of
the summer seeking for its completion.

I knew not then that it was so near, that it was mine, and
that this perfect sweetness had blossomed in the
depth of my own heart.

21

I must launch out my boat. The languid hours pass by on
the shore — Alas for me!

The spring has done its flowering and taken leave. And
now with the burden of faded futile flowers I wait
and linger.

The waves have become clamorous, and upon the bank
in the shady lane the yellow leaves flutter and fall.

What emptiness do you gaze upon! Do you not feel a
thrill passing through the air with the notes of the
far away song floating from the other shore?

22

In the deep shadows of the rainy July, with secret steps,
thou walkest, silent as night, eluding all watchers.

To-day the morning has closed its eyes, heedless of the
insistent calls of the loud east wind, and a thick veil
has been drawn over the ever-wakeful blue sky.

The woodlands have hushed their songs, and doors are
all shut at every house. Thou art the solitary
wayfarer in this deserted street. Oh my only friend,

my best beloved, the gates are open in my house —
do not pass by like a dream.

23

Art thou abroad on this stormy night on the journey of
  love, my friend? The sky groans like one in despair.
I have no sleep to-night. Ever and again I open my door
  and look out on the darkness, my friend!
I can see nothing before me. I wonder where lies thy
  path!
By what dim shore of the ink-black river, by what far
  edge of the frowning forest, through what mazy
  depth of gloom art thou threading thy course to
  come to me, my friend?

24

If the day is done, if birds sing no more, if the wind has
  flagged tired, then draw the veil of darkness thick
  upon me, even as thou hast wrapt the earth with the
  coverlet of sleep and tenderly closed the petals of
  the drooping lotus at dusk.
From the traveller, whose sack of provisions is empty
  before the voyage is ended, whose garment is torn
  and dust-laden, whose strength is exhausted,
  remove shame and poverty, and renew his life like a
  flower under the cover of thy kindly night.

25

In the night of weariness let me give myself up to sleep
without struggle, resting my trust upon thee.
Let me not force my flagging spirit into a poor
preparation for thy worship.
It is thou who drawest the veil of night upon the tired
eyes of the day to renew its sight in a fresher
gladness of awakening.

26

He came and sat by my side but I woke not. What a
cursed sleep it was, O miserable me!
He came when the night was still; he had his harp in his
hands, and my dreams became resonant with its
melodies.
Alas, why are my nights all thus lost? Ah, why do I ever
miss his sight whose breath touches my sleep?

27

Light, oh where is the light? Kindle it with the burning
fire of desire!
There is the lamp but never a flicker of a flame — is such
thy fate, my heart! Ah, death were better by far for
thee!
Misery knocks at thy door, and her message is that thy
lord is wakeful, and he calls thee to the love-tryst
through the darkness of night.
The sky is overcast with clouds and the rain is ceaseless.
I know not what this is that stirs in me — I know

not its meaning.

A moment's flash of lightning drags down a deeper gloom on my sight, and my heart gropes for the path to where the music of the night calls me.

Light, oh where is the light! Kindle it with the burning fire of desire! It thunders and the wind rushes screaming through the void. The night is black as a black stone. Let not the hours pass by in the dark. Kindle the lamp of love with thy life.

28

Obstinate are the trammels, but my heart aches when I try to break them.

Freedom is all I want, but to hope for it I feel ashamed.

I am certain that priceless wealth is in thee, and that thou art my best friend, but I have not the heart to sweep away the tinsel that fills my room.

The shroud that covers me is a shroud of dust and death; I hate it, yet hug it in love.

My debts are large, my failures great, my shame secret and heavy; yet when I come to ask for my good, I quake in fear lest my prayer be granted.

29

He whom I enclose with my name is weeping in this dungeon. I am ever busy building this wall all around; and as this wall goes up into the sky day by day I lose sight of my true being in its dark shadow.

I take pride in this great wall, and I plaster it with dust and sand lest a least hole should be left in this name; and for all the care I take I lose sight of my true being.

30

I came out alone on my way to my tryst. But who is this that follows me in the silent dark?
I move aside to avoid his presence but I escape him not.
He makes the dust rise from the earth with his swagger; he adds his loud voice to every word that I utter.
He is my own little self, my lord, he knows no shame; but I am ashamed to come to thy door in his company.

31

"Prisoner, tell me, who was it that bound you?"
"It was my master," said the prisoner. "I thought I could outdo everybody in the world in wealth and power, and I amassed in my own treasure-house the money due to my king. When sleep overcame me I lay upon the bed that was for my lord, and on waking up I found I was a prisoner in my own treasure-house."
"Prisoner, tell me, who was it that wrought this unbreakable chain?"
"It was I," said the prisoner, "who forged this chain very carefully. I thought my invincible power would hold the world captive leaving me in a freedom undisturbed. Thus night and day I worked at the chain with huge fires and cruel hard strokes. When at last the work was done and the links were complete and unbreakable, I found that it held me in its grip."

32

By all means they try to hold me secure who love me in this world. But it is otherwise with thy love which is greater than theirs, and thou keepest me free.

Lest I forget them they never venture to leave me alone. But day passes by after day and thou art not seen.

If I call not thee in my prayers, if I keep not thee in my heart, thy love for me still waits for my love.

33

When it was day they came into my house and said, "We shall only take the smallest room here."

They said, "We shall help you in the worship of your God and humbly accept only our own share in his grace"; and then they took their seat in a corner and they sat quiet and meek.

But in the darkness of night I find they break into my sacred shrine, strong and turbulent, and snatch with unholy greed the offerings from God's altar.

34

Let only that little be left of me whereby I may name thee my all.

Let only that little be left of my will whereby I may feel thee on every side, and come to thee in everything, and offer to thee my love every moment.

Let only that little be left of me whereby I may never hide thee.

Let only that little of my fetters be left whereby I am

bound with thy will, and thy purpose is carried out in my life — and that is the fetter of thy love.

35

Where the mind is without fear and the head is held high;
Where knowledge is free;
Where the world has not been broken up into fragments by narrow domestic walls;
Where words come out from the depth of truth;
Where tireless striving stretches its arms towards perfection;
Where the clear stream of reason has not lost its way into the dreary desert sand of dead habit;
Where the mind is led forward by thee into ever-widening thought and action —
Into that heaven of freedom, my Father, let my country awake.

36

This is my prayer to thee, my lord — strike, strike at the root of penury in my heart.
Give me the strength lightly to bear my joys and sorrows.
Give me the strength to make my love fruitful in service.
Give me the strength never to disown the poor or bend my knees before insolent might.
Give me the strength to raise my mind high above daily trifles.
And give me the strength to surrender my strength to thy will with love.

37

I thought that my voyage had come to its end at the last limit of my power — the path before me was closed, that provisions were exhausted and the time come to take shelter in a silent obscurity.

But I find that thy will knows no end in me. And when old words die out on the tongue, new melodies break forth from the heart; and where the old tracks are lost, new country is revealed with its wonders.

38

That I want thee, only thee — let my heart repeat without end. All desires that distract me, day and night, are false and empty to the core.

As the night keeps hidden in its gloom the petition for light, even thus in the depth of my unconsciousness rings the cry — I want thee, only thee.

As the storm still seeks its end in peace when it strikes against peace with all its might, even thus my rebellion strikes against thy love and still its cry is — I want thee, only thee.

39

When the heart is hard and parched up, come upon me with a shower of mercy.

When grace is lost from life, come with a burst of song.

When tumultuous work raises its din on all sides shutting me out from beyond, come to me, my lord of silence, with thy peace and rest.

When my beggarly heart sits crouched, shut up in a corner, break open the door, my king, and come with the ceremony of a king.

When desire blinds the mind with delusion and dust, O thou holy one, thou wakeful, come with thy light and thy thunder.

40

The rain has held back for days and days, my God, in my arid heart. The horizon is fiercely naked — not the thinnest cover of a soft cloud, not the vaguest hint of a distant cool shower.

Send thy angry storm, dark with death, if it is thy wish, and with lashes of lightning startle the sky from end to end.

But call back, my lord, call back this pervading silent heat, still and keen and cruel, burning the heart with dire despair.

Let the cloud of grace bend low from above like the tearful look of the mother on the day of the father's wrath.

41

Where dost thou stand behind them all, my lover, hiding thyself in the shadows? They push thee and pass thee by on the dusty road, taking thee for naught. I wait here weary hours spreading my offerings for thee, while passers-by come and take my flowers, one by one, and my basket is nearly empty.

The morning time is past, and the noon. In the shade of

evening my eyes are drowsy with sleep. Men going home glance at me and smile and fill me with shame. I sit like a beggar maid, drawing my skirt over my face, and when they ask me, what it is I want, I drop my eyes and answer them not.

Oh, how, indeed, could I tell them that for thee I wait and that thou hast promised to come. How could I utter for shame that I keep for my dowry this poverty. Ah, I hug this pride in the secret of my heart.

I sit on the grass and gaze upon the sky and dream of the sudden splendour of thy coming — all the lights ablaze, golden pennons flying over thy car, and they at the roadside standing agape, when they see thee come down from thy seat to raise me from the dust, and set at thy side this ragged beggar girl a-tremble with shame and pride, like a creeper in a summer breeze.

But time glides on and still no sound of the wheels of thy chariot. Many a procession passes by with noise and shouts and glamour of glory. Is it only thou who wouldst stand in the shadow silent and behind them all? And only I who would wait and weep and wear out my heart in vain longing?

42

Early in the day it was whispered that we should sail in a boat, only thou and I, and never a soul in the world would know of this our pilgrimage to no country and to no end.

In that shoreless ocean, at thy silently listening smile my songs would swell in melodies, free as waves, free from all bondage of words.

Is the time not come yet? Are there works still to do? Lo, the evening has come down upon the shore and in the fading light the seabirds come flying to their nests.

Who knows when the chains will be off, and the boat, like the last glimmer of sunset, vanish into the night?

43

The day was when I did not keep myself in readiness for thee; and entering my heart unbidden even as one of the common crowd, unknown to me, my king thou didst press the signet of eternity upon many a fleeting moment of my life.

And to-day when by chance I light upon them and see thy signature, I find they have lain scattered in the dust mixed with the memory of joys and sorrows of my trivial days forgotten.

Thou didst not turn in contempt from my childish play among dust, and the steps that I heard in my playroom are the same that are echoing from star to star.

44

This is my delight, thus to wait and watch at the wayside where shadow chases light and the rain comes in the wake of the summer.

Messengers, with tidings from unknown skies, greet me and speed along the road. My heart is glad within, and the breath of the passing breeze is sweet.

From dawn till dusk I sit here before my door, and I
know that of a sudden the happy moment will arrive
when I shall see.

In the meanwhile I smile and I sing all alone. In the
meanwhile the air is filling with the perfume of
promise.

45

Have you not heard his silent steps? He comes, comes,
ever comes.

Every moment and every age, every day and every night
he comes, comes, ever comes.

Many a song have I sung in many a mood of mind, but
all their notes have always proclaimed, "He comes,
comes, ever come."

In the fragrant days of sunny April through the forest
path he comes, comes, ever comes.

In the rainy gloom of July nights on the thundering
chariot of clouds he comes, comes, ever comes.

In sorrow after sorrow it is his steps that press upon my
heart, and it is the golden touch of his feet that
makes my joy to shine.

46

I know not from what distant time thou art ever coming
nearer to meet me. Thy sun and stars can never
keep thee hidden from me for aye.

In many a morning and eve thy footsteps have been
heard and thy messenger has come within my heart
and called me in secret.

I know not only why to-day my life is all astir, and a feeling of tremulous joy is passing through my heart.

It is as if the time were come to wind up my work, and I feel in the air a faint smell of thy sweet presence.

47

The night is nearly spent waiting for him in vain. I fear lest in the morning he suddenly come to my door when I have fallen asleep wearied out. Oh friends, leave the way open to him — forbid him not.

If the sounds of his steps does not wake me, do not try to rouse me, I pray. I wish not to be called from my sleep by the clamorous choir of birds, by the riot of wind at the festival of morning light. Let me sleep undisturbed even if my lord comes of a sudden to my door.

Ah, my sleep, precious sleep, which only waits for his touch to vanish. Ah, my closed eyes that would open their lids only to the light of his smile when he stands before me like a dream emerging from darkness of sleep.

Let him appear before my sight as the first of all lights and all forms. The first thrill of joy to my awakened soul let it come from his glance. And let my return to myself be immediate return to him.

48

The morning sea of silence broke into ripples of bird songs; and the flowers were all merry by the roadside; and the wealth of gold was scattered through the rift of the clouds while we busily went on our way and paid no heed.

We sang no glad songs nor played; we went not to the village for barter; we spoke not a word nor smiled; we lingered not on the way. We quickened our pace more and more as the time sped by.

The sun rose to the mid sky and doves cooed in the shade. Withered leaves danced and whirled in the hot air of noon. The shepherd boy drowsed and dreamed in the shadow of the banyan tree, and I laid myself down by the water and stretched my tired limbs on the grass.

My companions laughed at me in scorn; they held their heads high and hurried on; they never looked back nor rested; they vanished in the distant blue haze. They crossed many meadows and hills, and passed through strange, far-away countries. All honour to you, heroic host of the interminable path! Mockery and reproach pricked me to rise, but found no response in me. I gave myself up for lost in the depth of a glad humiliation — in the shadow of a dim delight.

The repose of the sun-embroidered green gloom slowly spread over my heart. I forgot for what I had travelled, and I surrendered my mind without struggle to the maze of shadows and songs.

At last, when I woke from my slumber and opened my eyes, I saw thee standing by me, flooding my sleep with thy smile. How I had feared that the path was long and wearisome, and the struggle to reach thee was hard!

49

You came down from your throne and stood at my
    cottage door.
I was singing all alone in a corner, and the melody
    caught your ear. You came down and stood at my
    cottage door.
Masters are many in your hall, and songs are sung there
    at all hours. But the simple carol of this novice
    struck at your love. One plaintive little strain
    mingled with the great music of the world, and with
    a flower for a prize you came down and stopped
    at my cottage door.

50

I had gone a-begging from door to door in the village
    path, when thy golden chariot appeared in the
    distance like a gorgeous dream and I wondered who
    was this King of all kings!
My hopes rose high and methought my evil days were at
    an end, and I stood waiting for alms to be given
    unasked and for wealth scattered on all sides in the
    dust.
The chariot stopped where I stood. Thy glance fell on me
    and thou camest down with a smile. I felt that the
    luck of my life had come at last. Then of a sudden
    thou didst hold out thy right hand and say "What
    hast thou to give to me?"
Ah, what a kingly jest was it to open thy palm to a beggar
    to beg! I was confused and stood undecided, and
    then from my wallet I slowly took out the least little
    grain of corn and gave it to thee.

But how great my surprise when at the day's end
>   I emptied my bag on the floor to find a least little
>   gram of gold among the poor heap. I bitterly wept
>   and wished that I had had the heart to give thee my
>   all.

51

The night darkened. Our day's works had been done. We
>   thought that the last guest had arrived for the night
>   and the doors in the village were all shut. Only some
>   said, The king was to come. We laughed and said
>   "No, it cannot be!"

It seemed there were knocks at the door and we said it
>   was nothing but the wind. We put out the lamps and
>   lay down to sleep. Only some said, "It is the
>   messenger!" We laughed and said "No, it must be
>   the wind!"

There came a sound in the dead of the night. We sleepily
>   thought it was the distant thunder. The earth shook,
>   the walls rocked, and it troubled us in our sleep.
>   Only some said, It was the sound of wheels. We said
>   in a drowsy murmur, "No, it must be the rumbling
>   of clouds!"

The night was still dark when the drum sounded. The
>   voice came "Wake up! delay not!" We pressed our
>   hands on our hearts and shuddered with fear. Some
>   said, "Lo, there is the king's flag!" We stood up on
>   our feet and cried "There is no time for delay!"

The king has come — but where are lights, where are
>   wreaths? Where is the throne to seat him? Oh,
>   shame, Oh utter shame! Where is the hall, the
>   decorations? Some one has said, "Vain is this cry!

Greet him with empty hands, lead him into thy rooms all bare!"

Open the doors, let the conch-shells be sounded! In the depth of the night has come the king of our dark, dreary house. The thunder roars in the sky. The darkness shudders with lightning. Bring out thy tattered piece of mat and spread it in the courtyard. With the storm has come of a sudden our king of the fearful night.

52

I thought I should ask of thee — but I dared not — the rose wreath thou hadst on thy neck. Thus I waited for the morning, when thou didst depart, to find a few fragments on the bed. And like a beggar I searched in the dawn only for a stray petal or two.

Ah me, what is it I find? What token left of thy love? It is no flower, no spices, no vase of perfumed water. It is thy mighty sword, flashing as a flame, heavy as a bolt of thunder. The young light of morning comes through the window and spreads itself upon thy bed. The morning bird twitters and asks, "Woman, what hast thou got?" No, it is no flower, nor spices, nor vase of perfumed water — it is thy dreadful sword.

I sit and muse in wonder, what gift is this of thine. I can find no place where to hide it. I am ashamed to wear it, frail as I am, and it hurts me when press it to my bosom. Yet shall I bear in my heart this honour of the burden of pain, this gift of thine.

From now there shall be no fear left for me in this world, and thou shalt be victorious in all my strife. Thou hast left death for my companion and I shall crown him with my life. Thy sword is with me to cut asunder my bonds, and there shall be no fear left for me in the world.

From now I leave off all petty decorations. Lord of my heart, no more shall there be for me waiting and weeping in corners, no more coyness and sweetness of demeanour. Thou hast given me thy sword for adornment. No more doll's decorations for me!

53

Beautiful is thy wristlet, decked with stars and cunningly wrought in myriad-coloured jewels. But more beautiful to me thy sword with its curve of lightning like the outspread wings of the divine bird of Vishnu, perfectly poised in the angry red light of the sunset.

It quivers like the one last response of life in ecstasy of pain at the final stroke of death; it shines like the pure flame of being burning up earthly sense with one fierce flash.

Beautiful is thy wristlet, decked with starry gems; but thy sword, O lord of thunder, is wrought with uttermost beauty, terrible to behold or to think of.

54

I asked nothing from thee; I uttered not my name to thine ear. When thou took'st thy leave I stood silent. I was alone by the well where the shadow of the tree fell aslant, and the women had gone home with their brown earthen pitchers full to the brim. They called me and shouted, "Come with us, the morning is wearing on to noon." But I languidly lingered awhile lost in the midst of vague musings.

I heard not thy steps as thou camest. Thine eyes were sad when they fell on me; thy voice was tired as thou spokest low — "Ah, I am a thirsty traveller." I started up from my day-dreams and poured water from my jar on thy joined palms. The leaves rustled overhead; the cuckoo sang from the unseen dark, and perfume of babla flowers came from the bend of the road.

I stood speechless with shame when my name thou didst ask. Indeed, what had I done for thee to keep me in remembrance? But the memory that I could give water to thee to allay thy thirst will cling to my heart and enfold it in sweetness. The morning hour is late, the bird sings in weary notes, neem leaves rustle overhead and I sit and think and think.

55

Languor is upon your heart and the slumber is still on your eyes.

Has not the word come to you that the flower is reigning in splendour among thorns? Wake, oh awaken! Let not the time pass in vain!

At the end of the stony path, in the country of virgin solitude my friend is sitting all alone. Deceive him not. Wake, oh awaken!

What if the sky pants and trembles with the heat of the midday sun — what if the burning sand spreads its mantle of thirst —

Is there no joy in the deep of your heart? At every footfall

of yours, will not the harp of the road break out in
sweet music of pain?

56

Thus it is that thy joy in me is so full. Thus it is that thou
hast come down to me. O thou lord of all heavens,
where would be thy love if I were not?

Thou hast taken me as thy partner of all this wealth. In
my heart is the endless play of thy delight. In my life
thy will is ever taking shape.

And for this, thou who art the King of kings hast decked
thyself in beauty to captivate my heart. And for this
thy love loses itself in the love of thy lover, and there
art thou seen in the perfect union of two.

57

Light, my light, the world-filling light, the eye-kissing
light, heart-sweetening light!

Ah, the light dances, my darling, at the centre of my life;
the light strikes, my darling, the chords of my love;
the sky opens, the wind runs wild, laughter passes
over the earth.

The butterflies spread their sails on the sea of light.
Lilies and jasmines surge up on the crest of the
waves of light.

The light is shattered into gold on every cloud, my
darling, and it scatters gems in profusion.

Mirth spreads from leaf to leaf, my darling, and gladness
without measure. The heaven's river has drowned
its banks and the flood of joy is abroad.

58

Let all the strains of joy mingle in my last song — the joy that makes the earth flow over in the riotous excess of the grass, the joy that sets the twin brothers, life and death, dancing over the wide world, the joy that sweeps in with the tempest, shaking and waking all life with laughter, the joy that sits still with its tears on the open red lotus of pain, and the joy that throws everything it has upon the dust, and knows not a word.

59

Yes, I know, this is nothing but thy love, O beloved of my heart — this golden light that dances upon the leaves, these idle clouds sailing across the sky, this passing breeze leaving its coolness upon my forehead.

The morning light has flooded my eyes — this is thy message to my heart. Thy face is bent from above, thy eyes look down on my eyes, and my heart has touched thy feet.

60

On the seashore of endless worlds children meet. The infinite sky is motionless overhead and the restless water is boisterous. On the seashore of endless worlds the children meet with shouts and dances.

They build their houses with sand and they play with empty shells. With withered leaves they weave their

boats and smilingly float them on the vast deep.
Children have their play on the seashore of worlds.
They know not how to swim, they know not how to cast
nets. Pearl fishers dive for pearls, merchants sail in
their ships, while children gather pebbles and
scatter them again. They seek not for hidden
treasures, they know not how to cast nets.
The sea surges up with laughter and pale gleams the
smile of the sea beach. Death-dealing waves sing
meaningless ballads to the children, even like a
mother while rocking her baby's cradle. The sea
plays with children, and pale gleams the smile of the
sea beach.
On the seashore of endless worlds children meet.
Tempest roams in the pathless sky, ships get
wrecked in the trackless water, death is abroad and
children play. On the seashore of endless worlds is
the great meeting of children.

61

The sleep that flits on baby's eyes — does anybody know
from where it comes? Yes, there is a rumour that it
has its dwelling where, in the fairy village among
shadows of the forest dimly lit with glow-worms,
there hang two timid buds of enchantment. From
there it comes to kiss baby's eyes.
The smile that flickers on baby's lips when he sleeps —
does anybody know where it was born? Yes, there is
a rumour that a young pale beam of a crescent moon
touched the edge of a vanishing autumn cloud, and
there the smile was first born in the dream of a
dew-washed morning — the smile that flickers on

baby's lips when he sleeps.
The sweet, soft freshness that blooms on baby's limbs —
does anybody know where it was hidden so long?
Yes, when the mother was a young girl it lay
pervading her heart in tender and silent mystery of
love — the sweet, soft freshness that has bloomed
on baby's limbs.

62

When I bring to you coloured toys, my child, I
    understand why there is such a play of colours
    on clouds, on water, and why flowers are painted
    in tints — when I give coloured toys to you,
    my child.
When I sing to make you dance I truly know why there is
    music in leaves, and why waves send their chorus of
    voices to the heart of the listening earth — when I
    sing to make you dance.
When I bring sweet things to your greedy hands I know
    why there is honey in the cup of the flowers and why
    fruits are secretly filled with sweet juice — when I
    bring sweet things to your greedy hands.
When I kiss your face to make you smile, my darling,
    I surely understand what pleasure is that streams
    from the sky in morning light, and what delight that
    is that is which the summer breeze brings to my
    body — when I kiss you to make you smile.

63

Thou hast made me known to friends whom I knew not.
Thou hast given me seats in homes not my own.
Thou hast brought the distant near and made a
brother of the stranger.

I am uneasy at heart when I have to leave my
accustomed shelter; I forget that there abides the
old in the new, and that there also thou abidest.

Through birth and death, in this world or in others,
wherever thou leadest me it is thou, the same, the
one companion of my endless life who ever linkest
my heart with bonds of joy to the unfamiliar.

When one knows thee, then alien there is none, then no
door is shut. Oh, grant me my prayer that I may
never lose the bliss of the touch of the one in the
play of many.

64

On the slope of the desolate river among tall grasses I
asked her, "Maiden, where do you go shading your
lamp with your mantle? My house is all dark and
lonesome — lend me your light!" She raised her
dark eyes for a moment and looked at my face
through the dusk. "I have come to the river," she
said, "to float my lamp on the stream when the
daylight wanes in the west." I stood alone among tall
grasses and watched the timid flame of her lamp
uselessly drifting in the tide.

In the silence of gathering night I asked her, "Maiden,
your lights are all lit — then where do you go with
your lamp? My house is all dark and lonesome —

lend me your light." She raised her dark eyes on my face and stood for a moment doubtful. "I have come," she said at last, "to dedicate my lamp to the sky." I stood and watched her light uselessly burning in the void.

In the moonless gloom of midnight I ask her, "Maiden, what is your quest, holding the lamp near your heart? My house is all dark and lonesome — lend me your light." She stopped for a minute and thought and gazed at my face in the dark. "I have brought my light," she said, "to join the carnival of lamps." I stood and watched her little lamp uselessly lost among lights.

65

What divine drink wouldst thou have, my God, from this overflowing cup of my life?

My poet, is it thy delight to see thy creation through my eyes and to stand at the portals of my ears silently to listen to thine own eternal harmony?

Thy world is weaving words in my mind and thy joy is adding music to them. Thou givest thyself to me in love and then feelest thine own entire sweetness in me.

66

She who ever had remained in the depth of my being, in the twilight of gleams and of glimpses; she who never opened her veils in the morning light, will be my last gift to thee, my God, folded in my final song.

Words have wooed yet failed to win her; persuasion has stretched to her its eager arms in vain.

I have roamed from country to country keeping her in the core of my heart, and around her have risen and fallen the growth and decay of my life.

Over my thoughts and actions, my slumbers and dreams, she reigned yet dwelled alone and apart.

Many a man knocked at my door and asked for her and turned away in despair.

There was none in the world who ever saw her face to face, and she remained in her loneliness waiting for thy recognition.

67

Thou art the sky and thou art the nest as well.

O thou beautiful, there in the nest it is thy love that encloses the soul with colours and sounds and odours.

There comes the morning with the golden basket in her right hand bearing the wreath of beauty, silently to crown the earth.

And there comes the evening over the lonely meadows deserted by herds, through trackless paths, carrying cool draughts of peace in her golden pitcher from the western ocean of rest.

But there, where spreads the infinite sky for the soul to take her flight in, reigns the stainless white radiance. There is no day nor night, nor form nor colour, and never, never a word.

68

Thy sunbeam comes upon this earth of mine with arms outstretched and stands at my door the livelong day to carry back to thy feet clouds made of my tears and sighs and songs.

With fond delight thou wrappest about thy starry breast that mantle of misty cloud, turning it into numberless shapes and folds and colouring it with hues everchanging.

It is so light and so fleeting, tender and tearful and dark, that is why thou lovest it, O thou spotless and serene. And that is why it may cover thy awful white light with its pathetic shadows.

69

The same stream of life that runs through my veins night and day runs through the world and dances in rhythmic measures.

It is the same life that shoots in joy through the dust of the earth in numberless blades of grass and breaks into tumultuous waves of leaves and flowers.

It is the same life that is rocked in the ocean-cradle of birth and of death, in ebb and in flow.

I feel my limbs are made glorious by the touch of this world of life. And my pride is from the life-throb of ages dancing in my blood this moment.

70

Is it beyond thee to be glad with the gladness of this rhythm? to be tossed and lost and broken in the whirl of this fearful joy?

All things rush on, they stop not, they look not behind, no power can hold them back, they rush on.

Keeping steps with that restless, rapid music, seasons come dancing and pass away — colours, tunes, and perfumes pour in endless cascades in the abounding joy that scatters and gives up and dies every moment.

71

That I should make much of myself and turn it on all sides, thus casting coloured shadows on thy radiance — such is thy maya.

Thou settest a barrier in thine own being and then callest thy severed self in myriad notes. This thy self-separation has taken body in me.

The poignant song is echoed through all the sky in many-coloured tears and smiles, alarms and hopes; waves rise up and sink again, dreams break and form. In me is thy own defeat of self.

This screen that thou hast raised is painted with innumerable figures with the brush of the night and the day. Behind it thy seat is woven in wondrous mysteries of curves, casting away all barren lines of straightness.

The great pageant of thee and me has overspread the sky. With the tune of thee and me all the air is vibrant, and all ages pass with the hiding and seeking of thee and me.

72

He it is, the innermost one, who awakens my being with his deep hidden touches.

He it is who puts his enchantment upon these eyes and joyfully plays on the chords of my heart in varied cadence of pleasure and pain.

He it is who weaves the web of this maya in evanescent hues of gold and silver, blue and green, and lets peep out through the folds his feet, at whose touch I forget myself.

Days come and ages pass, and it is ever he who moves my heart in many a name, in many a guise, in many a rapture of joy and of sorrow.

73

Deliverance is not for me in renunciation. I feel the embrace of freedom in a thousand bonds of delight.

Thou ever pourest for me the fresh draught of thy wine of various colours and fragrance, filling this earthen vessel to the brim.

My world will light its hundred different lamps with thy flame and place them before the altar of thy temple.

No, I will never shut the doors of my senses. The delights of sight and hearing and touch will bear thy delight.

Yes, all my illusions will burn into illumination of joy, and all my desires ripen into fruits of love.

74

The day is no more, the shadow is upon the earth. It is time that I go to the stream to fill my pitcher.

The evening air is eager with the sad music of the water. Ah, it calls me out into the dusk. In the lonely lane there is no passer by, the wind is up, the ripples are rampant in the river.

I know not if I shall come back home. I know not whom I shall chance to meet. There at the fording in the little boat the unknown man plays upon his lute.

75

Thy gifts to us mortals fulfil all our needs and yet run back to thee undiminished.

The river has its everyday work to do and hastens through fields and hamlets; yet its incessant stream winds towards the washing of thy feet.

The flower sweetens the air with its perfume; yet its last service is to offer itself to thee.

Thy worship does not impoverish the world.

From the words of the poet men take what meanings please them; yet their last meaning points to thee.

76

Day after day, O lord of my life, shall I stand before thee face to face? With folded hands, O lord of all worlds, shall I stand before thee face to face?

Under thy great sky in solitude and silence, with humble heart shall I stand before thee face to face?

In this laborious world of thine, tumultuous with toil and with struggle, among hurrying crowds shall I stand before thee face to face?

And when my work shall be done in this world, O King of kings, alone and speechless shall I stand before thee face to face?

77

I know thee as my God and stand apart — I do not know thee as my own and come closer. I know thee as my father and bow before thy feet — I do not grasp thy hand as my friend's.

I stand not where thou comest down and ownest thyself as mine, there to clasp thee to my heart and take thee as my comrade.

Thou art the Brother amongst my brothers, but I heed them not, I divide not my earnings with them, thus sharing my all with thee.

In pleasure and in pain I stand not by the side of men, and thus stand by thee. I shrink to give up my life, and thus do not plunge into the great waters of life.

78

When the creation was new and all the stars shone in their first splendour, the gods held their assembly in the sky and sang "Oh, the picture of perfection! the joy unalloyed!"

But one cried of a sudden — "It seems that somewhere there is a break in the chain of light and one of the stars has been lost."

The golden string of their harp snapped, their song stopped, and they cried in dismay — "Yes, that lost star was the best, she was the glory of all heavens!"

From that day the search is unceasing for her, and the cry goes on from one to the other that in her the world has lost its one joy!

Only in the deepest silence of night the stars smile and whisper among themselves — "Vain is this seeking! Unbroken perfection is over all!"

79

If it is not my portion to meet thee in this my life then let me ever feel that I have missed thy sight — let me not forget for a moment, let me carry the pangs of this sorrow in my dreams and in my wakeful hours.

As my days pass in the crowded market of this world and my hands grow full with the daily profits, let me ever feel that I have gained nothing — let me not forget for a moment, let me carry the pangs of this sorrow in my dreams and in my wakeful hours.

When I sit by the roadside, tired and panting, when I spread my bed low in the dust, let me ever feel that the long journey is still before me — let me not forget a moment, let me carry the pangs of this sorrow in my dreams and in my wakeful hours.

When my rooms have been decked out and the flutes sound and the laughter there is loud, let me ever feel that I have not invited thee to my house — let me not forget for a moment, let me carry the pangs of this sorrow in my dreams and in my wakeful hours.

80

I am like a remnant of a cloud of autumn uselessly roaming in the sky, O my sun ever-glorious! Thy touch has not yet melted my vapour, making me one with thy light, and thus I count months and years separated from thee.

If this be thy wish and if this be thy play, then take this fleeting emptiness of mine, paint it with colours, gild it with gold, float it on the wanton wind and spread it in varied wonders.

And again when it shall be thy wish to end this play at night, I shall melt and vanish away in the dark, or it may be in a smile of the white morning, in a coolness of purity transparent.

81

On many an idle day have I grieved over lost time. But it is never lost, my lord. Thou hast taken every moment of my life in thine own hands.

Hidden in the heart of things thou art nourishing seeds into sprouts, buds into blossoms, and ripening flowers into fruitfulness.

I was tired and sleeping on my idle bed and imagined all work had ceased. In the morning I woke up and found my garden full with wonders of flowers.

82

Time is endless in thy hands, my lord. There is none to count thy minutes.

Days and nights pass and ages bloom and fade like
　　flowers. Thou knowest how to wait.
Thy centuries follow each other perfecting a small wild
　　flower.
We have no time to lose, and having no time we must
　　scramble for our chances. We are too poor
　　to be late.
And thus it is that time goes by while I give it to every
　　querulous man who claims it, and thine altar is
　　empty of all offerings to the last.
At the end of the day I hasten in fear lest thy gate to be
　　shut; but I find that yet there is time.

83

Mother, I shall weave a chain of pearls for thy neck with
　　my tears of sorrow.
The stars have wrought their anklets of light to deck thy
　　feet, but mine will hang upon thy breast.
Wealth and fame come from thee and it is for thee to
　　give or to withhold them. But this my sorrow is
　　absolutely mine own, and when I bring it to thee as
　　my offering thou rewardest me with thy grace.

84

It is the pang of separation that spreads throughout the
　　world and gives birth to shapes innumerable in the
　　infinite sky.
It is this sorrow of separation that gazes in silence all
　　nights from star to star and becomes lyric among
　　rustling leaves in rainy darkness of July.

It is this overspreading pain that deepens into loves and
> desires, into sufferings and joys in human homes;
> and this it is that ever melts and flows in songs
> through my poet's heart.

85

When the warriors came out first from their master's
> hall, where had they hid their power? Where were
> their armour and their arms?

They looked poor and helpless, and the arrows were
> showered upon them on the day they came out from
> their master's hall.

When the warriors marched back again to their master's
> hall where did they hide their power?

They had dropped the sword and dropped the bow and
> the arrow; peace was on their foreheads, and they
> had left the fruits of their life behind them on the
> day they marched back again to their master's hall.

86

Death, thy servant, is at my door. He has crossed the
> unknown sea and brought thy call to my home.

The night is dark and my heart is fearful — yet I will take
> up the lamp, open my gates and bow to him my
> welcome. It is thy messenger who stands at my
> door.

I will worship him with folded hands, and with tears. I
> will worship him placing at his feet the treasure of
> my heart.

He will go back with his errand done, leaving a dark

shadow on my morning; and in my desolate home
only my forlorn self will remain as my last offering
to thee.

87

In desperate hope I go and search for her in all the
corners of my room; I find her not.

My house is small and what once has gone from it can
never be regained.

But infinite is thy mansion, my lord, and seeking her I
have to come to thy door.

I stand under the golden canopy of thine evening sky
and I lift my eager eyes to thy face.

I have come to the brink of eternity from which nothing
can vanish — no hope, no happiness, no vision of
a face seen through tears.

Oh, dip my emptied life into that ocean, plunge it into
the deepest fullness. Let me for once feel that lost
sweet touch in the allness of the universe.

88

Deity of the ruined temple! The broken strings of Vina
sing no more your praise. The bells in the evening
proclaim not your time of worship. The air is still
and silent about you.

In your desolate dwelling comes the vagrant spring
breeze. It brings the tidings of flowers — the flowers
that for your worship are offered no more.

Your worshipper of old wanders ever longing for favour
still refused. In the eventide, when fires and

shadows mingle with the gloom of dust, he wearily comes back to the ruined temple with hunger in his heart.

Many a festival day comes to you in silence, deity of the ruined temple. Many a night of worship goes away with lamp unlit.

Many new images are built by masters of cunning art and carried to the holy stream of oblivion when their time is come.

Only the deity of the ruined temple remains unworshipped in deathless neglect.

89

No more noisy, loud words from me — such is my master's will. Henceforth I deal in whispers. The speech of my heart will be carried on in murmurings of a song.

Men hasten to the King's market. All the buyers and sellers are there. But I have my untimely leave in the middle of the day, in the thick of work.

Let then the flowers come out in my garden, though it is not their time; and let the midday bees strike up their lazy hum.

Full many an hour have I spent in the strife of the good and the evil, but now it is the pleasure of my playmate of the empty days to draw my heart on to him; and I know not why is this sudden call to what useless inconsequence!

90

On the day when death will knock at thy door what wilt thou offer to him?

Oh, I will set before my guest the full vessel of my life — I will never let him go with empty hands.

All the sweet vintage of all my autumn days and summer nights, all the earnings and gleanings of my busy life will I place before him at the close of my days when death will knock at my door.

91

O thou the last fulfilment of life, Death, my death, come and whisper to me!

Day after day I have kept watch for thee; for thee have I borne the joys and pangs of life.

All that I am, that I have, that I hope and all my love have ever flowed towards thee in depth of secrecy. One final glance from thine eyes and my life will be ever thine own.

The flowers have been woven and the garland is ready for the bridegroom. After the wedding the bride shall leave her home and meet her lord alone in the solitude of night.

92

I know that the day will come when my sight of this earth shall be lost, and life will take its leave in silence, drawing the last curtain over my eyes.

Yet stars will watch at night, and morning rise as before,

and hours heave like sea waves casting up pleasures and pains.

When I think of this end of my moments, the barrier of the moments breaks and I see by the light of death thy world with its careless treasures. Rare is its lowliest seat, rare is its meanest of lives.

Things that I longed for in vain and things that I got — let them pass. Let me but truly possess the things that I ever spurned and overlooked.

93

I have got my leave. Bid me farewell, my brothers! I bow to you all and take my departure.

Here I give back the keys of my door — and I give up all claims to my house. I only ask for last kind words from you.

We were neighbours for long, but I received more than I could give. Now the day has dawned and the lamp that lit my dark corner is out. A summons has come and I am ready for my journey.

94

At this time of my parting, wish me good luck, my friends! The sky is flushed with the dawn and my path lies beautiful.

Ask not what I have with me to take there. I start on my journey with empty hands and expectant heart.

I shall put on my wedding garland. Mine is not the red-brown dress of the traveller, and though there are dangers on the way I have no fear in mind.

The evening star will come out when my voyage is done
and the plaintive notes of the twilight melodies be
struck up from the King's gateway.

95

I was not aware of the moment when I first crossed the
threshold of this life.

What was the power that made me open out into this
vast mystery like a bud in the forest at midnight!

When in the morning I looked upon the light I felt in a
moment that I was no stranger in this world, that
the inscrutable without name and form had taken
me in its arms in the form of my own mother.

Even so, in death the same unknown will appear as ever
known to me. And because I love this life, I know I
shall love death as well.

The child cries out when from the right breast the
mother takes it away, in the very next moment to
find in the left one its consolation.

96

When I go from hence let this be my parting word, that
what I have seen is unsurpassable.

I have tasted of the hidden honey of this lotus that
expands on the ocean of light, and thus am I blessed
— let this be my parting word.

In this playhouse of infinite forms I have had my play
and here have I caught sight of him that is
formless.

My whole body and my limbs have thrilled with his

touch who is beyond touch; and if the end
comes here, let it come — let this be my parting
word.

97

When my play was with thee I never questioned who
    thou wert. I knew nor shyness nor fear, my life was
    boisterous.
In the early morning thou wouldst call me from my sleep
    like my own comrade and lead me running from
    glade to glade.
On those days I never cared to know the meaning of
    songs thou sangest to me. Only my voice took up the
    tunes, and my heart danced in their cadence.
Now, when the playtime is over, what is this sudden
    sight that is come upon me? The world with eyes
    bent upon thy feet stands in awe with all its silent
    stars.

98

I will deck thee with trophies, garlands of my defeat. It is
    never in my power to escape unconquered.
I surely know my pride will go to the wall, my life will
    burst its bonds in exceeding pain, and my empty
    heart will sob out in music like a hollow reed, and
    the stone will melt in tears.
I surely know the hundred petals of a lotus will not
    remain closed for ever and the secret recess of its
    honey will be bared.
From the blue sky an eye shall gaze upon me and

summon me in silence. Nothing will be left for me, nothing whatever, and utter death shall I receive at thy feet.

99

When I give up the helm I know that the time has come for thee to take it. What there is to do will be instantly done. Vain is this struggle.

Then take away your hands and silently put up with your defeat, my heart, and think it your good fortune to sit perfectly still where you are placed.

These my lamps are blown out at every little puff of wind, and trying to light them I forget all else again and again.

But I shall be wise this time and wait in the dark, spreading my mat on the floor; and whenever it is thy pleasure, my lord, come silently and take thy seat here.

100

I dive down into the depth of the ocean of forms, hoping to gain the perfect pearl of the formless.

No more sailing from harbour to harbour with this my weather-beaten boat. The days are long passed when my sport was to be tossed on waves.

And now I am eager to die into the deathless.

Into the audience hall by the fathomless abyss where swells up the music of toneless strings I shall take this harp of my life.

I shall tune it to the notes of for ever, and, when it has

sobbed out its last utterance, lay down my silent harp at the feet of the silent.

101

Ever in my life have I sought thee with my songs. It was they who led me from door to door, and with them have I felt about me, searching and touching my world.

It was my songs that taught me all the lessons I ever learnt; they showed me secret paths, they brought before my sight many a star on the horizon of my heart.

They guided me all the day long to the mysteries of the country of pleasure and pain, and, at last, to what palace gate have the brought me in the evening at the end of my journey?

102

I boasted among men that I had known you. They see your pictures in all works of mine. They come and ask me, "Who is he?" I know not how to answer them. I say, "Indeed, I cannot tel." They blame me and they go away in scorn. And you sit there smiling.

I put my tales of you into lasting songs. The secret gushes out from my heart. They come and ask me, "Tell me all your meanings." I know not how to answer them. I say, "Ah, who knows what they mean!" They smile and go away in utter scorn. And you sit there smiling.

103

In one salutation to thee, my God, let all my senses
    spread out and touch this world at thy feet.
Like a rain-cloud of July hung low with its burden of
    unshed showers let all my mind bend down at thy
    door in one salutation to thee.
Let all my songs gather together their diverse strains into
    a single current and flow to a sea of silence in one
    salutation to thee.
Like a flock of homesick cranes flying night and day back
    to their mountain nests let all my life take its voyage
    to its eternal home in one salutation to thee.

옮긴이의 말
〈마음 깊이 울리는 음악〉의 향연, 타고르의 『기탄잘리』

라빈드라나트 타고르Rabindranath Tagore의 『기탄잘리』를 읽고 번역하면서 그 어느 해보다도 무덥던 2010년의 여름을 보냈다. 시를 구성하고 있는 시어 하나하나, 시에 담긴 시인의 소박하고 아름다운 시상 및 시적 이미지 하나하나에 매료되어 무더위도 잊은 채 번역 작업을 했고, 번역이 끝난 다음에는 몇 번이고 되풀이해 읽으며 문장을 다듬었다. 〈무더위도 잊은 채〉라니? 어찌 온몸 구석구석으로 달려들면서 집요하게 싸움을 거는 그 여름의 무더위를, 새벽 5시가 되었는데도 계속 싸움을 거는 그 끔찍한 무더위를 잊을 수 있었겠는가. 따라서 〈무더위도 잊은 채〉라는 말보다 〈무덥든 말든 개의치 않은 채〉라는 말이 더 적합할 것이다. 그리고 그처럼 무덥든 말든 개의치 않을 수 있었던 것은 물론 매혹적인 『기탄잘리』가 내 앞에 있었기 때문이다.

「침묵에 잠긴 채 꼼짝하지 않고 있」[1]던 「매섭고도 잔인한 열기」가 특히 나를 괴롭히던 어느 무더운 여름날 밤, 『기탄잘리』가 나에게 이렇게 속삭였다. 〈「폭풍우가 온 힘을 다해 평온함을 깨뜨리려 하지만 그럼에도 여전히 평온함 속에서 종말을 맞이하듯」, 이 무더위가 온 힘을 다해 서늘함을 물리치려 하지만 그럼에도 언젠가는 서늘함 속에서 종말을 맞이할 것입니다.〉 이에 나는 이렇게 화답했다. 〈「밤이 빛을 향한 열망을 자신의 어둠 속에 감추고 있듯, 내 무의식의 깊은 곳에서는 갈망의 외침이 울리고 있습니다.」〉 물론 내 안에서 울리는 갈망의 외침은 『기탄잘리』에 담겨 있는 것과는 다른 것이었다. 「님만을, 오직 님만을 원합니다」가 『기탄잘리』에 담긴 갈망의 외침이었다면, 나에게 갈망의 외침은 이러했다. 〈『기탄잘리』에 대한 나의 사랑이 나만의 것이 아닌 모든 사람의 것이 되기를, 오직 그것만을 원합니다.〉 그처럼 무덥던 여름날의 낮과 밤을 견딜 수 있었던 것은 『기탄잘리』에 담긴 〈님〉을 향한 사랑의 노래가 내 마음에서 〈시〉를 향한 사랑의 노래로 바뀌어 나를 기쁘고 즐겁게 했기 때문만이 아니었다. 정녕코, 이 사랑의 노래를 다른 모든 사람이 함께 즐길 수 있기 바라는 마음이 「내 이마 위에 서늘함의 자취를 남기고 지나가는」 그런 「미풍」으로 바뀌어 나에게 힘을 주었기 때문이었다.

이제 서늘한 가을이 왔고, 무더운 여름 내내 이어 왔던 번역 작업도 끝났다. 하지만 『기탄잘리』의 노래들이 일깨우던 감흥은 「절정을 향해 치닫는 여름의 열정적인 숨결」이 되어

---

1 〈옮긴이의 말〉에서 「 」안의 내용은 타고르의 『기탄잘리』에서 인용했음을 밝힌다.

여전히 내 마음 안에 남아 있다. 아니, T. S. 엘리엇Eliot의 표현을 빌리자면, 〈마음 깊이 울리는 음악 / 귀에는 전혀 들리지 않을 정도로 마음 깊이 울리는 음악, 음악이 계속되는 동안 / 그대가 바로 음악이 될 만큼 마음 깊이 울리는 음악〉[2]이 되어 여전히 내 마음을 감싸고 있다. 바라건대, 나의 번역이 시의 아름다움을 제대로 살린 것이 되었기를! 그리하여 『기탄잘리』에 대한 나의 사랑과 감동이 오직 나만의 것이 아닌 것, 많은 사람들과 함께 나눌 수 있는 것이 되었기를! 진실로 바라건대, 「이 세상이라는 축제의 자리에 초대」받았지만 「엷디엷은 한 조각의 부드러운 구름조차 보이지 않고, 저 먼 곳에서 시원한 소낙비가 내릴 기미조차 느껴지지 않」는 메마른 삶의 여정을 걷는 모든 이에게, 「그칠 줄 모르고 부는 바람과 함께 울음을 울며 이리저리 헤」매는 마음으로 사랑을 갈망하는 모든 이에게, 그리고 슬픔과 고통으로 인해 「아직 흩뿌리지 않은 소나기의 무게로 낮게 드리워진 7월의 비구름처럼」 마음이 무거운 모든 이에게, 나의 번역이 작으나마 위안과 기쁨이 되기를!

『기탄잘리』와 같이 더할 수 없이 아름다운 시 세계를 우리에게 선사한 라빈드라나트 타고르는 어떤 사람일까. 그는 1861년 5월 7일 인도의 캘커타에서 데벤드라나트 타고르

---

[2] "[M]usic heard so deeply / That it is not heard at all, but you are the music /While the music lasts." T. S. Eliot의 『네 편의 사중주*The Four Quartets*』에서 인용.

Debendranath Tagore(1817~1905)와 사라다 데비Sarada Devi(1830~1875)의 13명의 자녀 가운데 막내아들로 태어났다. 타고르 가문은 수많은 예술가, 종교인, 철학자를 배출한 오래된 명문가였으며, 이를 증명하듯 타고르는 아주 어린 시절부터 특히 예술 방면에서 뛰어난 재능을 보였다. 그의 예술가적 재능은 그가 13세의 나이에 잡지에 시를 발표하기 시작하여 17세의 나이에 첫 시집을 출간했다는 사실 하나만으로도 쉽게 확인할 수 있다. 그가 걸어간 삶의 여정이야 이번 『기탄잘리』 번역본의 말미에 수록된 〈라빈드라나트 타고르 연보〉를 참고하면 되겠지만, 그가 과연 어떤 성품의 사람이었는가를 궁금해할 사람도 있을 것이다. 물론 『기탄잘리』의 시편들 자체가 타고르의 성품을 보여 주는 중요한 자료이긴 하나, 타고르의 〈노벨상 수락 연설문〉은 그가 얼마나 사려 깊고 겸손한 성품의 사람이었는가를 보여 주는 또 하나의 소중한 자료가 될 것이다. 수상 소식을 접하게 된 날 낮에는 자신이 세운 학교인 샨티니케탄Shantiniketan의 어린이들과 함께 즐거워했지만, 다음 인용이 보여 주듯 밤이 되자 그는 평정을 되찾고 생각에 잠긴다.

밤이 되자 저는 테라스에 혼자 앉아 제 자신에게 물음을 던졌습니다. 제 시를 서양이 받아들이고 높이 평가하는 이유가 도대체 무엇일까 하는 문제를 놓고 말입니다. 제가 다른 인종에 속해 있음에도 불구하고, 또한 서양의 어린이들과 수많은 산과 바다를 사이에 두고 떨어져 있고 나뉘어져 있음에도 불구하고 말입니다. 단언하는데, 저는 들뜬 기분에 젖어 있어서 이 같은 물음을 제 자신에게 던졌던 것이 아닙니다. 마음 깊이 탐구하는 자세로 이 같은 물음을 던졌던 것입니다. 그리고 그 순간 저는 제 자신이 보잘것없는 존재라 느끼고 있었습니다.[3]

영광스러운 노벨상 수상에도 불구하고 이처럼 자기 성찰의 마음 자세를 갖는 사람은 아마도 많지 않을 것이라 생각된다. 물론 이 같은 마음 자세는 실제의 것이 아니라 연설문을 쓰는 과정에 꾸며 낸 것일 수 있다고 말할 사람도 있을 것이다. 하지만 그가 살아갔던 삶의 여정을 되돌아보거나 『기탄잘리』가 암시하는 시인의 마음에 비춰 보면 이는 결코 꾸며 낸 것으로 읽히지 않는다. 아무튼, 연설문에서 그는 자신의 물음에 대한 답을 다음과 같이 추정해 보기도 하는데, 이는 『기탄잘리』가 숨 막힐 듯 바쁘게 삶을 살아가는 우리 현대인에게 어떤 의미를 갖는가에 대한 답이 될 수도 있다는 점에서 주목할 필요가 있다.

서양이 그곳 시단의 일원으로 거의 아무런 망설임도 없이 저를 받아 주다니, 이는 적극적인 활동을 자제하고 또 서양과 멀리 떨어져 50년의 세월을 살아온 저에게는 기적과도 같은 일이었습니다. 저에게는 놀라운 일이었습니다만,

---

3 Rabindranath Tagore, *The English Writings of Rabindranath Tagore*, Vol. 5 (New Delhi: Atlantic Publishers & Distributers, Ltd., 2007), pp. 1~2.

어쩌면 서양이 저를 받아 주는 것에는 무언가 깊은 의미가 숨겨져 있는지도 모른다는 느낌이 들기도 했습니다. 또한 서양의 삶과 정신과 격리된 채 은둔 생활을 하면서 보낸 그 오랜 세월은 저에게 심원한 안정감을, 고요한 마음을, 그리고 영원한 것에 대한 깨달음을 제공했다는 느낌이 들기도 했습니다. 바로 이러한 것들이 지나치게 활동적인 삶을 살아가는 서양인들이 필요로 하는 정서일 것이라는 느낌마저 들기도 했습니다. 여전히 마음 깊이 평화를, 영원한 평화를 갈망하는 서양인들에게 말입니다. 제가 그들에게 보여 준 것이 그들에게 적절한 것이었다면, 이는 저의 뮤즈가 받은 훈련 때문일 것입니다. 그러니까 저의 어린 시절부터 저의 뮤즈가 갠지스 강변의 절대 고독 안에서 받은 훈련 때문일 것입니다. 그 오랜 세월의 평화가 제 천성 안에 녹아들어 쌓여 있기에, 저는 이를 꺼내서 서양인에게 보여 줄 수 있었던 것입니다.[4]

이상의 구절을 담고 있는 연설문은 그가 1921년 5월 26일 스톡홀름을 찾았을 때 낭독한 것으로, 이를 통해 우리는 상을 수상했던 해인 1913년보다 8년 뒤에 수락 연설이 이루어졌음을 알 수 있다. (타고르는 1913년 노벨상 시상식에는 참석할 수가 없었다.) 바로 이 연설문에는 타고르에게 노벨상 수상의 영관을 안겨 준 『기탄잘리』를 창작할 때의 정황을 알

---

4 위의 책, p. 4.

려 주는 부분도 포함되어 있는데, 다소 길지만 이 자리에서 이를 소개하기로 한다. 타고르의 성품뿐만 아니라 『기탄잘리』에 담긴 시편들에 대한 우리의 이해에 무엇보다도 큰 도움이 될 것이라 믿기 때문이다. 타고르는 오랜 세월 은둔 생활 끝에 바깥세상을 위해 무언가 일을 해야겠다는 의식이 싹트게 되었음을 밝히고는 다음과 같이 말한다.

그리고 하나의 일, 제 마음에 떠오른 단 하나의 과업은 어린이들을 가르치는 일이었습니다. 이는 제가 어린이들을 가르치는 일에 특별히 소양이 있어서가 아닙니다. 제 자신이 정규 교육의 혜택을 제대로 받은 사람이 아니니까요. 얼마 동안 제가 이런 과업을 떠맡을 것인가를 놓고 망설였습니다. 하지만 제가 자연을 깊이 사랑하는 만큼 천성적으로 어린이들을 사랑하는 사람이라는 느낌이 들기도 했습니다. 제가 이 학교를 열면서 하고 싶었던 일은 어린이들에게 더할 수 없이 자유롭게 기쁨과 생명력을 누리도록 하는 것, 그리고 완전히 자유롭게 자연과 교감을 하도록 하는 것이었습니다. 저 역시 어렸을 때, 대부분의 소년들이 학교에 다니는 동안 어쩔 수 없이 떠안아야 했던 어려움을 헤쳐 나가야 했습니다. 또한, 어린이들이라면 누구나 삶의 즐거움과 자유를 향한 그칠 줄 모르는 갈증을 지니고 있는 법인데, 바로 이 삶의 즐거움과 자유를 파괴하는 기계적인 교육을 견뎌 내야만 했었습니다. 그래서 저는 어린이들에게 자유와 즐거움을 선물하고 싶었던 것이었습니다.

그리하여 저는 제 주위에 어린이들을 몇 모아 놓고, 가르침을 주는 동시에 행복을 느끼게 하려고 애썼습니다. 저는 어린이들과 어울려 함께 놀았고, 또 어린이들의 친구가 되었습니다. 저는 어린이들과 삶을 함께 나누었고, 제 자신이 모여 있는 어린이들 가운데 가장 큰 어린이라 느끼기도 했습니다. 우리 모두는 이처럼 자유로운 환경에서 함께 성장해 갔습니다.

어린이들의 활기와 기쁨이, 그들의 재잘거림과 노래가 대기를 환희의 기운으로 가득 채웠고, 어린이들과 함께 있으면서 저는 하루도 빠지지 않고 이를 흠뻑 즐겼습니다. 그리고 해 질 무렵 저녁이 되면 저는 가끔 혼자 앉아서 그늘이 드리워지는 거리의 나무들을 바라보곤 했습니다. 그리고 사위(四圍)가 조용한 오후 시간에는 하늘을 향해 울려 퍼지는 어린이들의 목소리를 또렷이 들을 수 있었습니다. 저에게는 어린이들의 이 같은 외침과 노래와 유쾌한 목소리가 대지의 가슴 깊은 곳에서 솟아나는 나무들처럼 느껴지기도 했습니다. 무한한 하늘의 품을 향해 솟아오르는 생명의 분수와도 같은 나무들 말입니다. 어린이들의 외침과 노래와 유쾌한 목소리는 인간의 생명이 간직하고 있는 그 모든 외침, 그 모든 즐거움의 표현, 그리고 인간성의 심연에서 샘솟아 무한한 하늘을 향해 오르고자 하는 인간의 열망을 상징하는 것이었습니다. 제 마음의 눈에 그렇게 비쳤던 것이지요. 저는 그것을 볼 수 있었으며,

어른이 된 어린이인 우리 또한 우리가 지니고 있는 열망의 외침을 무한을 향해 띄워 보낸다는 사실을 익히 알고 있었습니다. 저는 제 마음 깊고 깊은 곳에서 이를 느꼈던 것입니다.

바로 이런 분위기와 환경에서 저는 저의 기탄잘리 시편들을 쓰곤 했습니다. 그리고 한밤의 시간이 되면 인도의 하늘을 수놓고 있는 영광스러운 별들 아래서 이 시편들을 음악에 담아 혼자 읊조리곤 했습니다. 그리고 이른 아침과 태양이 명멸하며 저무는 오후에 이 노래들을 글자로 옮기곤 했습니다. 다시금 세상 밖으로 나가 거대한 세계의 마음과 만나고자 하는 충동이 이는 날이 올 때까지 계속 그렇게 했던 것입니다.[5]

결국 『기탄잘리』에 담긴 시 세계에 접근하는 데 필요한 것은 세상을 사랑과 이해의 눈으로 바라볼 수 있는 따뜻하고 너그러운 마음이리라. 하지만 때때로 읽는 이의 눈길을 머뭇거리게 하는 부분, 최소한의 설명이 필요한 부분도 더러 있는 것도 사실이다. 특히 〈님〉이 의미하는 바가 무엇인지 때문에 이따금 마음에 물음표를 찍는 사람도 적지 않을 것이다. 『기탄잘리』의 102번째 시편에 따르면, 시인이 「님을 알고 있다고 자랑」하고 「온갖 작품」에 「님의 형상」을 담기 때문에, 사람들은 그에게 〈님〉이 누구인가 묻는다. 하지만 시

5 위의 책, pp. 2~3.

인은「무어라 대꾸해야 할지 모」른다 말한다. 정말로 시인이 〈님〉이 누구인지 묻는 물음에 답을 할 수 없는 것일까. 아마도 이는 〈님〉을 한마디로 규정하기 어렵다는 뜻에서 하는 말이리라. 〈님〉에 대한 노래를 시집으로 묶은 시인조차「무어라 대꾸해야 할지 모」른다 말하는데, 어찌 우리가 〈님〉이 누구인지를 말할 수 있겠는가. 어쩌면 그 어떤 시적 이미지와 비유를 동원하더라도 쉽게 그 모습을 밝힐 수 없는 것이 타고르의 〈님〉이리라.

이렇게 말한다고 해서, 타고르의 〈님〉에 대한 어떤 설명도 가당치 않다는 뜻은 아니다. 실제로 이에 대해 설득력 있는 다양한 해석이 시도된 것도 사실이며, 그와 같은 해석들 가운데에는 심지어 기독교적 맥락에서 이루어진 것도 있다. 예컨대, 손더스Saunders와 같은 사람은 〈『기탄잘리』의 신은 힌두 철학의 비인격적이고 냉정한 절대자가 아니라 (……) 그 신이 명시적으로 기독교적인 신이건 아니건 간에 적어도 예수와 같은 신이고, 그 신에게 탄원하고 또 그 신을 사랑하는 사람이 겪는 체험은 모든 기독교적 체험의 핵심과 맞닿아 있다〉[6]고 말한 바 있는데, 이처럼 기독교적 맥락에서 타고르의 〈님〉을 이해할 수도 있음은 다음과 같은 이유에서다. 타고르의 문학은 우파니샤드 경전에 근거하여 확립된 바이슈나바 종파의 세계관을 반영하고 있거니와, 이 종파의 신인

---

6 Saunders, *International Review of Missions* (1914), p. 149. Sarvepalli Radhakrishnan, *Philosophy of Rabindranath Tagore* (London: Macmillan & Co., 1919), p. 5에서 재인용.

비슈누는 기독교의 야훼나 예수와 마찬가지로 지고(至高)의 절대자를 지칭하는 〈에인 소프(Ein Sof, 무한한 빛)〉로 이해될 수 있기 때문이다. 요컨대, 지고의 절대자를 내세우는 믿음 체계라면, 이와 관련하여 타고르의 〈님〉에 대한 그 어떤 다양한 해석도 가능할 것이다.

하지만 타고르의 〈님〉에 대한 이해를 이처럼 형이상학적인 쪽으로 맞춰 나가려는 태도는 바람직하지 못한 것일 수 있다. 오히려, 세속적이고 일상적인 의미에서 〈님〉에 대한 이해를 시도하는 것이 타고르가 바라던 바가 아니었을까. 예이츠가 『기탄잘리』의 서문에서 말한 것처럼, 〈배운 사람들과 배우지 못한 사람들의 비유와 정서를 하나로 모은 다음, 학식 있는 사람들과 고귀한 사람들의 생각을 다시 대중에게 되돌리〉는 문화가 존재하는 곳에서라면 어디에서나 편안하게 받아들여질 수 있는 것이 타고르의 『기탄잘리』이고 그의 〈님〉이라는 점에서 그러하다. 즉, 『기탄잘리』는 〈여러 세대를 걸쳐 세월이 흐르는 동안, 길을 따라 여행하는 나그네들과 강을 따라 배를 저어 가는 사람들이 낮은 가락으로 노래할 그런 시편들〉이고, 〈서로를 기다리는 연인들이 나지막하게 읊조릴 그런 시편들〉인 것이다.

아마도 『기탄잘리』에서 가장 이해하기 어려운 시편은 제71번일 것이다. 여기에서 타고르는 「마야maya」에 대해, 또한 〈님〉과 하는 「숨바꼭질」에 대해 이야기하고 있는데, 우선 「마야」가 의미하는 바는 무엇인가. 이는 기본적으로 〈환영(幻影)〉을 뜻하는 말이며, 이 같은 〈환영〉을 낳거나 유지하고 관리하는 힘 또는 신을 지시하는 말이기도 하다. 인도 철학적 관점에서 보면, 인간이 소속되어 있는 물질 세계는 물론 인간까지도 〈환영〉에 불과한 것으로, 진정한 깨우침에 이르기 위해서 인간은 이 점을 깨달아야 한다. 한편, 앞서 말한 것처럼 「마야」란 창조자인 신을 지시하는 개념일 수도 있다는 점에서 보면, 인간과 인간이 속해 있는 물질 세계는 그 자체가 신이 「자신의 존재 안에 벽을 세」움으로써 만들어진 「분신」으로 이해할 수도 있다. 아울러, 이 세계는 인간이 신에게 다가가고 신과 만나기 위한 창구일 수도 있다. 『기탄잘리』의 시편들이 보여 주듯, 인간은 이 창구를 통해 절대자를 감지하거나 그와 만난다. 그 절대자가 바로 타고르에게는 〈님〉인 것이다.

제71번 시편에 대한 이해를 위해 사르베팔리 라다크리슈난Sarvepalli Radhakrishnan의 『라빈드라나트 타고르의 철학』에 나오는 다음 인용을 참조하기 바란다. 이를 통해 우리는 시 자체에 대한 이해에 도움을 받을 수 있을 뿐만 아니라 타고르가 어찌하여 「님과 나 사이의 숨바꼭질」이라는 표현을 동원했는지도 이해할 수 있을 것이다.

우주란 유한한 존재가 무한한 존재에 도달하기 위한 고군분투가 이루어지는 과정(過程)이다. 신과 인간 양자 사이의 숨바꼭질이 이루어지는 과정인 것이다. 삼라만상이 유한한 존재로서 무한을 지향하지만, 양자 사이의 긴장이 가장 강렬하게 느껴지는 곳은 인간의 의식 세계다. 인간은 이상적 세계에 가까이 다가갈 수 있으나, 인간인 이상 결코 그곳에 도달할 수는 없다. 말하자면, 세계는 무한을 지향하는 과정이지만, 결코 궁극의 지점에 도달할 수 없다. 인간이 무한을 완벽하게 실현할 수 있다면, 그리하여 세계가 무한에 이르고자 하는 목표를 이루게 된다면, 우주란 따로 있을 수 없고, 필연적으로 절대자 역시 따로 존재할 수 없을 것이다.[7]

이제 이번에 번역한 『기탄잘리』에 대해 간단한 소개의 말을 전하는 것으로 〈옮긴이의 말〉을 끝맺기로 하자. 널리 알려져 있듯 『기탄잘리』는 103편의 시로 이루어진 영문 시집으로, 이 시집의 시편들은 시인 자신이 벵골어로 된 자신의 여러 시집에서 일부를 뽑아 영어로 번역한 것이다. 한편, 시집의 제목으로 남아 있는 벵골어의 단어인 〈기탄잘리〉는 〈노래〉를 뜻하는 〈기트git〉와 〈바침〉, 〈올림〉을 뜻하는 〈안잘리 anjali〉를 합친 것이다. 즉, 〈기탄잘리〉는 〈노래를 바침〉의 뜻을 갖는데, 〈바침〉의 대상이 절대자 또는 신을 암시한다는 점에서 〈신에게 바치는 노래〉로 번역할 수 있을 것이다. 신 또는 절대자를 인격화하여 인간과 신 사이의 관계를 사랑하는 두 연인 사이의 관계로 묘사하고 있는 타고르의 시집 『기탄잘리』는 앞서 밝힌 바 있듯 비슈누 신을 섬기는 인도의 바이슈나바 종파의 문학 전통을 반영한 것이다. 이 시집은 원

---

7 Radhakrishnan, *Philosophy of Rabindranath Tagore*, p. 32.

래 1912년 윌리엄 버틀러 예이츠의 서문과 함께 치스윅 출판사Chiswick Press에서 한정판으로 발간되었으며, 이듬해인 1913년 맥밀란 출판사Macmillan & Co.에서 재출간되었다. 이번의 우리말 번역에 사용한 것은 1913년 맥밀란 출판사의 판본이다.

2010년 10월 10일
관악산 기슭의 학교 연구실에서
장경렬

라빈드라나트 타고르 연보

1861년 ^{출생} 5월 7일 캘커타(현재의 콜카타)에서 데벤드라나트 타고르 Debendranath Tagore(1817~1905)와 사라다 데비Sarada Devi(1830~1875)의 열세 명의 자녀 가운데 막내아들로 태어남. 그의 할아버지 드와카나트 타고르Dwarkanath Tagore는 부유한 지주이자 사회 개혁 운동가였고, 아버지 데벤드라나트 타고르는 인도의 근대 종교 개혁을 이끈 브라마 사마지Brahma Samaj의 지도자였음.

1868년 7세 이 무렵 이미 운율이 있는 글을 쓰기 시작함. 어릴 적 타고르는 1829년 설립된 힌두 학교 오리엔탈 세미너리Oriental Seminary에 다님. 그러나 관습적인 교육을 좋아하지 않아 학교를 그만두고 선생님 몇 명과 함께 집에서 공부함. 이후에도 사범 학교와 벵골 아카데미, 성 사비에르 학교 등을 다녔지만, 그 기간은 길지 않음.

1873년 12세 성년을 맞이하여, 부친과 함께 캘커타를 떠나 몇 달 동안 인도를 여행함. 이때 인도 북부 히말라야 산간 지역의 휴양 도시 달후지Dalhousie까지 방문함. 잠깐씩 학교에 다니긴 했으나 주로 집안에서 가정 교사와 함께 학업을 계속함.

1874년 13세 시 「욕망Abhilaash」을 잡지 『타토보디니*Tattobodhini*』에 익명으로 발표.

1875년 14세　어머니 사망.

1877년 16세　최초의 단편소설 「거지 여인Bhikharini」 집필.

1878년 17세　첫 번째 시집 『시인의 이야기Kabi Kahini』 출간. 같은 해에 형 사티얀드라나트Satyandranath와 함께 영국으로 건너감. 변호사가 되기 위해 영국 브라이튼 소재의 공립 학교로부터 입학 허가를 받음. 이후 법률을 공부하기 위해 유니버시티 칼리지 런던에 입학. 학교 공부와 관계없이 셰익스피어 등 영문학에 관심을 갖고 공부함.

1880년 19세　학위를 취득하지 못한 채 고향으로 돌아옴. 두 편의 희곡 『발미키의 천재Valmiki Prativa』와 『운명의 사냥Kalmrigaya』을 집필하고, 이 희곡의 공연에 배우로도 참여함.

1881년 20세　희곡 『발미키의 천재』 출간.

1882년 21세　그의 시 가운데 가장 널리 알려진 작품 가운데 하나인 「꿈에서 깨어난 연못Nirjharer Swapnabhanga」이 수록된 시집 『저녁의 노래Sandhya Sangit』 출간.

1883년 22세　므르나리니 데비Mrinalini Devi(1873~1902)와 결혼. 둘 사이에는 다섯 명의 자녀가 있었으나, 그 가운데 둘은 어린 나이에 세상을 떠남. 시집 『아침의 노래Prabhat Sangit』 출간.

1884년 23세　시집 『반음 올림표와 내림표Kori O Kamal』, 희곡 『왕과 왕비Raja O Rani』, 『희생Visarjan』 집필.

1890년 29세　아버지로부터 실라이다하Shilaidaha(오늘날 방글라데시의 한 지역)에 있는 거대한 장원의 경영권을 물려받고, 이때부터 집안 사업을 돌봄. 집안 사업상의 일로 거룻배를 타고 그 지역의 여러 마을을 여행하며, 마을 사람들과 돈독한 관계를 맺음. 이때의 체험을 바탕으로 그의 문학 작품 가운데 최고작으로 꼽히는 시집 『이상적 존재Manasi』를 출간. 희곡 『희생』 출간.

1894년 33세　시집 『황금 보트Sonar Tari』 출간.

1901년 ^{40세} 서벵골 지역의 샨티니케탄Shantiniketan(오늘날 방글라데시의 한 지역)으로 이주. 그곳에서 옛 인도의 종교적 수련 장소인 아슈람Ashram을 모델로 하여, 학교, 정원, 도서관 등을 갖춘 교육촌을 건설함. 같은 해에 잡지 『방가다르샨Bangadarshan』의 편집자가 됨. 실라이다하 지역의 전원생활을 묘사한 이야기들을 모아 2년에 걸쳐 2부로 나누어 『단편 모음집Galpaguchchha』을 출간. 시집 『나이베디야Naivedya』, 소설 『망가진 둥지Nastahirh』, 단편 모음집 『설화와 이야기 Katha O Kahini』 출간.

1902년 ^{41세} 아내 사망. 세상을 떠난 아내에게 바치는 헌시집 『추도시Smaran』 집필. 이 시기에 그의 두 자녀도 세상을 떠남.

1905년 ^{44세} 아버지 사망. 아버지의 거대한 장원을 물려받아 경제적으로 안정을 얻게 됨. 같은 해 인도의 총독이었던 커즌 경Lord Curzon이 벵골을 분할하려 하자, 이에 맹렬히 반대함. 항의 집회에 참가할 뿐만 아니라, 벵골의 통일된 모습을 상징하는 〈락키 반단Rakhi Bandhan〉 축제를 주도함.

1906년 ^{45세} 시집 『케야Kheya』 출간.

1909년 ^{48세} 벵골어로 『기탄잘리Gitanjali』 집필 시작. 1901년 2부로 출간한 단편 모음집을 5부로 증보하여 출간.

1910년 ^{49세} 벵골어판 『기탄잘리』, 희곡 『어두운 방의 왕Raja』, 소설 『고라Gora』 출간.

1911년 ^{50세} 12월 27일 인도 국민 회의 캘커타 지부의 모임에서 타고르가 작사, 작곡한 「그대는 모든 민족의 정신을 다스리는 분입니다 Jana Gana Mana」가 처음 불림. 이 노래는 1950년 공식적으로 인도의 국가로 채택됨.

1912년 ^{51세} 두 번째로 유럽을 여행함. 런던으로 가는 도중 『기탄잘리』의 일부를 영어로 번역. 런던에서 저명한 화가 윌리엄 로선스타인 William Rothenstein(1872~1945)과 만남. 로선스타인이 『기탄잘리』

영역본을 읽고 감동하여, 이를 복사해서 윌리엄 버틀러 예이츠 및 여러 영국의 시인에게 소개함. 예이츠는 이 시에 열광하며 『기탄잘리』 서문을 씀. 그해 9월 한정판으로 영국의 치스윅 출판사Chiswick Press에서 이 시집을 출간함. 영문판 『기탄잘리』의 출간으로 타고르는 서구 사회에서도 널리 그 명성을 알리는 시인이 됨. 희곡 『우체국Dak Ghar』, 『요지부동Achalayatan』, 회고록 『나의 추억Jivansmriti』 출간.

1913년 52세 『기탄잘리』로 노벨 문학상 수상. 스웨덴 학술원은 〈고도로 민감하며 신선하고 아름답다. (타고르는) 완벽한 기술로 자신의 시적 사유를 자신의 영어로 표현해 냈다〉고 평함. 영시집 『초승달 The Crescent Moon』, 『정원사 The Gardener』, 철학적, 종교적 명상의 글을 담은 사상서 『삶의 실현Sadhana』 출간.

1914년 53세 시집 『노래의 화환Gitimalya』, 희곡 『치트라Chitra』 출간.

1915년 54세 영국 왕 조지 5세로부터 기사 작위를 받음. 영시집 『카비르의 노래Songs of Kabir』 출간.

1916년 55세 미국을 방문하는 길에 일본에서 한 달간 체류. 이때 조선의 젊은 작가 순성(瞬星) 진학문(秦學文)과 단독 회견을 함. 진학문의 요청을 받고 타고르는 얼마 후 잡지 『청춘』을 위해 〈The Song of the Defeated〉라는 제목의 시 한 편을 보냄. 이 시는 진학문의 번역으로 『청춘』 1917년 11월호에 실림.

The Song of the Defeated

My Master has asked of me to stand at the roadside of retreat and sing the song of the Defeated.
For she is the bride whom He woos in secret.
She has put on the dark veil, hiding her face from the crowd, the fewel glowing in her breast in the dark.
She is forsaken of the day, and God's night is waiting for her with its lamps lighted and flowers wet with dew.
She is silent with her eyes downcast; she has left her home behind

her, from where come the wailing in the wind.

But the stars are singing the love song of the eternal to her whose face is sweet with shame and suffering.

The door has been opened in lonely chamber, the call has come;

And the heart of the darkness throbs with the awe of the expectant tryst.

靑春第十一號

쯧긴이의 노래 (上聲)

라빈드라나드, 타쿠로

主색시날다려 하시눈말삼
외써돈 길가에 홀로서잇서
쯧긴이의 노래를 부르라시다.

대개 그는 남모르게 우리님생각
짝삼고저 求하시는 新婦」생이라고
그얼굴을 옷사랍세 안보이라고
검은 낫가립으로 가리엿는대(面紗)

가슴에 찬 구슬이 풀빗과가치
깜깜하게 어둔밤에 빗치나도당.
낫(晝)이 그를 버리매 하나님새서
밤을 차지하시고 기다리시니
燈이란 燈에는 불이 켜젓고
옷이란 옷에는 이슬매쳣네.
고개를 숙이고 장장황적에
두곡세난 정다온 집가으로서
바람결에 훌곡하는 소리들리네.
그러나 별들은 그를 向하야

一〇〇

永遠한 사랑의 노래부르니
피롭고 붓그려 낯붉히도당.
고요한 洞房의 門이열리며
오라고 부르는 소래들리니
만날일 생각하매 마음이 조려
어둡던 그가슴이 자조 쩌도당.

이글은 昨年 詩人이 東瀛에 來遊하얏슬적에 特
別한뜻으로써 우리 「靑春」을 爲하야 지어보내
신것이니 써 印度와 우리의 二千年以來 넷情
을 도타히하고 氣하야 그네 우리네 사이에 새로
운 精神的交好를 맺자는 深意에서 나온것이라대
同人은 數閱月사이에 各方面으로 극진한 歡迎
과 厚待를 밧고 新聞雜誌에 게시되 寄稿의 懇願
이 빗발치듯하얏건마는 寂靜을 조하하고 沖淡
을 힘쓰는 先生이 이로써 世俗的煩鬪라하야 一
切謝却하시고 오즉 金玉佳什을 질겨 우리에게
부치심은 진실로 偶然한것이 아니라 이 一篇文
字—이러듯 깁흔 의사 잇슴을 아라 읽고 읽고
십고 씹어 속속두리 참 맛을 어더야 바로소 先
生의 바라심을 저버리지 아니할지니라

시집 『두루미떼의 이동Balaka』, 소설 『가정과 세계Ghare Baire』, 영시집 『길 잃은 새들Stray Birds』, 『과일 수확Fruit-Gathering』, 우화집 『배고픈 돌과 다른 이야기들The Hungry Stones and other Stories』 출간.

1917년 56세 에세이집 『내셔널리즘Nationalism』 발표.

1919년 58세 영국이 인도 탄압법에 반대하는 군중을 무력 진압한 암리차르 학살 사건에 항거하여 기사 작위를 반납함. 마하트마 간디의 독립 운동을 지지했으나, 정치와는 거리를 둠. 그는 기본적으로 민족주의에 찬성하지 않았으며, 그 대신 다문화주의와 관용 정신에 바탕을 둔 새로운 세계 문화의 창조를 지지함. 그의 견해에 충분한 지지 기반을 확보하지 못하자, 정치적 운동과 거리를 둠.

1920년 59세 서한집 『벵골의 풍경: 1885년에서 1895년까지 라빈드라나트 타고르 경의 서한 모음집Glimpses of Bengal: Selected from the Letters of Sir Rabindranath Tagore, 1885-1895』 출간.

1921년 60세 12월 23일 비스바-바라티Visva-Bharati 대학교를 설립하고, 노벨 문학상 상금 및 문학 작품 출판에 따른 인세를 모두 이 대학에 기부함. 한편, 서벵골 지역의 수룰Surul에 거대한 장원과 땅을 사들인 다음, 그곳에 농촌 재건 학교Institute of Rural Reconstruction를 설립함. 2년 후 비스바-바라티 대학의 제2캠퍼스가 이곳에 들어서면서 이 교육 기관은 〈스리니케탄Sriniketan〉이라는 이름으로 불리게 됨. 교육 개혁가로서 타고르는 우파니샤드의 교육 이념에 근거하여, 인도의 최하층 계급인 불가촉천민(不可觸賤民)들의 지위 향상에 많은 기여를 함. 영시집 『도망자The Fugitive』, 영어 에세이집 『사상의 유물들Thought Relics』 출간.

1922년 61세 희곡 『폭포Muktadhara』 출간.

1925년 64세 「차르카 열풍The Cult of the Charka」이라는 글을 통해 영국 상품을 배척하고 국산품을 애용하자는 취지에서 마하트마 간디가 주도한 스와데시 운동을 비판함. 이는 타고르가 간디와 정치적 입장 면에서 다른 견해를 보이고 있음을 보여 주는 예지만, 그럼에도 두 사람은 아주 가까운 친구 사이였음. 타고르는 자기 나름의 시각과 전망에 의거하여 인도 독립 운동을 꾸준하게 이어 나감.

1926년 65세 희곡 『붉은 협죽도 *Raktakaravi*』 출간.

1928년 67세 영시집 『반딧불이들 *Fireflies*』 출간.

1929년 68세 조선에 관한 시 한 편을 『동아일보』에 보냄. 다음은 시의 원문과 『동아일보』 1929년 4월 2일자 2면에 수록된 주요한의 번역문.

The Lamp of the East

In the golden age of Asia
Korea was one of its lamp bearers,
And that lamp is waiting to be lighted once again
For the illumination in the East.

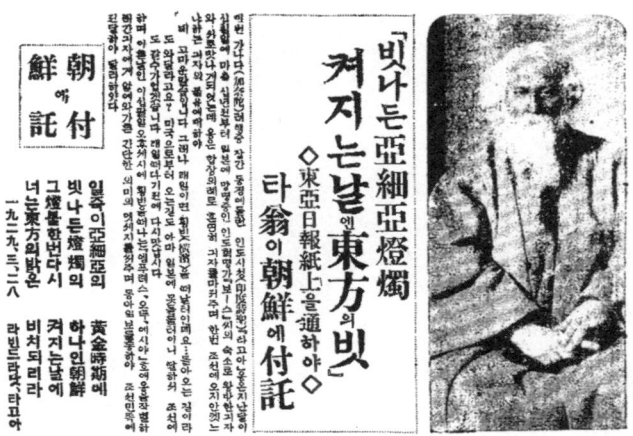

소설 『혼류 *Yogayog*』 출간.

1930년 69세 당시 새롭게 대두된 양자 역학 및 혼돈 이론과 관련하여 아인슈타인과 토론함. 타고르는 예술적 창조에도 천재적인 능력을 발휘했지만 현대 물리학 분야에서도 상당한 지식을 갖추고 있었음.

1937년 76세 　과로로 얻은 질병으로 의식 불명 상태에 빠짐.

1940년 79세 　옥스퍼드 대학이 타고르를 위해 샨티니케탄에서 특별 의식을 마련하고 문학 박사 학위를 수여함. 회고록 『나의 유년 시절 *Chhelebela*』 출간.

1941년 80세 　에세이집 『문명의 위기 *Sabhyatar Sankat*』 출간. 다시 의식을 잃고 쓰러짐. 8월 7일 고향 캘커타에서 사망.

열린책들 세계문학 151 기탄잘리

옮긴이 장경렬 인천에서 태어나 서울대학교 영어영문학과를 졸업했다. 미국 오스틴 소재 텍사스 대학교에서 박사 학위를 받았고, 현재 서울대학교 인문대학 영문과 교수로 재직 중이다. 저서로는 문학 비평서 『미로에서 길 찾기』, 『신비의 거울을 찾아서』, 『응시와 성찰』, 문학 연구서 *The Limits of Essentialist Critical Thinking*, 『코울리지: 상상력과 언어』, 『매혹과 저항: 현대 문학 비평 이론에 대한 비판적 이해를 위하여』가 있다. 역서로는 『내 사랑하는 사람들의 잠든 모습을 보며』, 『야자열매 술꾼』, 『셰익스피어』, 『먹고, 쏘고, 튄다』, 『아픔의 기록』, 『우리 아기』, 『열정적인, 너무나 열정적인』(공역) 등이 있다.

지은이 라빈드라나트 타고르 **옮긴이** 장경렬 **발행인** 홍예빈 · 홍유진
발행처 주식회사 열린책들 **주소** 경기도 파주시 문발로 253 파주출판도시
전화 031-955-4000 **팩스** 031-955-4004 **홈페이지** www.openbooks.co.kr
Copyright (C) 주식회사 열린책들, 2010, *Printed in Korea*.
ISBN 978-89-329-1151-9 04890 **ISBN** 978-89-329-1499-2 (세트)
발행일 2010년 12월 5일 세계문학판 1쇄 2023년 6월 10일 세계문학판 12쇄

이 도서의 국립중앙도서관 출판예정도서목록(CIP)은 서지정보유통지원시스템 홈페이지(http://seoji.nl.go.kr)와 국가자료공동목록시스템(http://www.nl.go.kr/kolisnet)에서 이용하실 수 있습니다.(CIP제어번호: CIP2010003981)

열린책들 세계문학
Open Books World Literature

001 **죄와 벌** 표도르 도스또예프스끼 장편소설 | 홍대화 옮김 | 전2권 | 각 408, 512면

003 **최초의 인간** 알베르 카뮈 장편소설 | 김화영 옮김 | 392면

004 **소설** 제임스 미치너 장편소설 | 윤희기 옮김 | 전2권 | 각 280, 368면

006 **개를 데리고 다니는 부인** 안똔 체호프 소설선집 | 오종우 옮김 | 368면

007 **우주 만화** 이탈로 칼비노 단편집 | 김운찬 옮김 | 416면

008 **댈러웨이 부인** 버지니아 울프 장편소설 | 최애리 옮김 | 296면

009 **어머니** 막심 고리끼 장편소설 | 최윤락 옮김 | 544면

010 **변신** 프란츠 카프카 중단편집 | 홍성광 옮김 | 464면

011 **전도서에 바치는 장미** 로저 젤라즈니 중단편집 | 김상훈 옮김 | 432면

012 **대위의 딸** 알렉산드르 뿌쉬낀 장편소설 | 석영중 옮김 | 240면

013 **바다의 침묵** 베르코르 소설선집 | 이상해 옮김 | 256면

014 **원수들, 사랑 이야기** 아이작 싱어 장편소설 | 김진준 옮김 | 320면

015 **백치** 표도르 도스또예프스끼 장편소설 | 김근식 옮김 | 전2권 | 각 504, 528면

017 **1984년** 조지 오웰 장편소설 | 박경서 옮김 | 392면

019 **이상한 나라의 앨리스** 루이스 캐럴 환상동화 | 머빈 피크 그림 | 최용준 옮김 | 336면

020 **베네치아에서의 죽음** 토마스 만 중단편집 | 홍성광 옮김 | 432면

021 **그리스인 조르바** 니코스 카잔차키스 장편소설 | 이윤기 옮김 | 488면

022 **벚꽃 동산** 안똔 체호프 희곡선집 | 오종우 옮김 | 336면

023 **연애 소설 읽는 노인** 루이스 세풀베다 장편소설 | 정창 옮김 | 192면

024 **젊은 사자들** 어윈 쇼 장편소설 | 정영문 옮김 | 전2권 | 각 416, 408면

026 **젊은 베르테르의 슬픔** 요한 볼프강 폰 괴테 장편소설 | 김인순 옮김 | 240면

027 **시라노** 에드몽 로스탕 희곡 | 이상해 옮김 | 256면

028 **전망 좋은 방** E. M. 포스터 장편소설 | 고정아 옮김 | 352면

029 **까라마조프 씨네 형제들** 표도르 도스또예프스끼 장편소설 | 이대우 옮김 | 전3권 | 각 496, 496, 460면

032 **프랑스 중위의 여자** 존 파울즈 장편소설 | 김석희 옮김 | 전2권 | 각 344면

034 **소립자** 미셸 우엘벡 장편소설 | 이세욱 옮김 | 448면

035 **영혼의 자서전** 니코스 카잔차키스 자서전 | 안정효 옮김 | 전2권 | 각 352, 408면

037 **우리들** 예브게니 자먀찐 장편소설 | 석영중 옮김 | 320면

038 **뉴욕 3부작** 폴 오스터 장편소설 | 황보석 옮김 | 480면

039 **닥터 지바고** 보리스 파스테르나크 장편소설 | 홍대화 옮김 | 전2권 | 각 480, 592면

041 **고리오 영감** 오노레 드 발자크 장편소설 | 임희근 옮김 | 456면

042 **뿌리** 알렉스 헤일리 장편소설 | 안정효 옮김 | 전2권 | 각 400, 448면

044 **백년보다 긴 하루** 친기즈 아이뜨마또프 장편소설 | 황보석 옮김 | 560면

045 **최후의 세계** 크리스토프 란스마이어 장편소설 | 장희권 옮김 | 264면

046 **추운 나라에서 돌아온 스파이** 존 르카레 장편소설 | 김석희 옮김 | 368면

047 **산도칸 ― 몸프라쳄의 호랑이** 에밀리오 살가리 장편소설 | 유향란 옮김 | 428면

048 **기적의 시대** 보리슬라프 페키치 장편소설 | 이윤기 옮김 | 560면

049 **그리고 죽음** 짐 크레이스 장편소설 | 김석희 옮김 | 224면

050 **세설** 다니자키 준이치로 장편소설 | 송태욱 옮김 | 전2권 | 각 480면

052 **세상이 끝날 때까지 아직 10억 년** 스뜨루가츠끼 형제 장편소설 | 석영중 옮김 | 224면

053 **동물 농장** 조지 오웰 장편소설 | 박경서 옮김 | 208면

054 **캉디드 혹은 낙관주의** 볼테르 장편소설 | 이봉지 옮김 | 232면

055 **도적 떼** 프리드리히 폰 실러 희곡 | 김인순 옮김 | 264면

056 **플로베르의 앵무새** 줄리언 반스 장편소설 | 신재실 옮김 | 320면

057 **악령** 표도르 도스또예프스끼 장편소설 | 박혜경 옮김 | 전3권 | 각 328, 408, 528면

060 **의심스러운 싸움** 존 스타인벡 장편소설 | 윤희기 옮김 | 340면

061 **몽유병자들** 헤르만 브로흐 장편소설 | 김경연 옮김 | 전2권 | 각 568, 544면

063 **몰타의 매** 대실 해밋 장편소설 | 고정아 옮김 | 304면

064 **마야꼬프스끼 선집** 블라지미르 마야꼬프스끼 선집 | 석영중 옮김 | 384면

065 **드라큘라** 브램 스토커 장편소설 | 이세욱 옮김 | 전2권 | 각 340, 344면

067 **서부 전선 이상 없다** 에리히 마리아 레마르크 장편소설 | 홍성광 옮김 | 336면

068 **적과 흑** 스탕달 장편소설 | 임미경 옮김 | 전2권 | 각 432, 368면

070 **지상에서 영원으로** 제임스 존스 장편소설 | 이종인 옮김 | 전3권 | 각 396, 380, 496면

073 **파우스트** 요한 볼프강 폰 괴테 희곡 | 김인순 옮김 | 568면

074 **쾌걸 조로** 존스턴 매컬리 장편소설 | 김훈 옮김 | 316면

075 **거장과 마르가리따** 미하일 불가꼬프 장편소설 | 홍대화 옮김 | 전2권 | 각 364, 328면

077 **순수의 시대** 이디스 워튼 장편소설 | 고정아 옮김 | 448면

078 **검의 대가** 아르투로 페레스 레베르테 장편소설 | 김수진 옮김 | 384면

079 **예브게니 오네긴** 알렉산드르 뿌쉬낀 운문소설 | 석영중 옮김 | 328면

080 **장미의 이름** 움베르토 에코 장편소설 | 이윤기 옮김 | 전2권 | 각 440, 448면

082 **향수** 파트리크 쥐스킨트 장편소설 | 강명순 옮김 | 384면
083 **여자를 안다는 것** 아모스 오즈 장편소설 | 최창모 옮김 | 280면
084 **나는 고양이로소이다** 나쓰메 소세키 장편소설 | 김난주 옮김 | 544면
085 **웃는 남자** 빅토르 위고 장편소설 | 이형식 옮김 | 전2권 | 각 472, 496면
087 **아웃 오브 아프리카** 카렌 블릭센 장편소설 | 민승남 옮김 | 480면
088 **무엇을 할 것인가** 니꼴라이 체르니셰프스끼 장편소설 | 서정록 옮김 | 전2권 | 각 360, 404면
090 **도나 플로르와 그녀의 두 남편** 조르지 아마두 장편소설 | 오숙은 옮김 | 전2권 | 각 408, 308면
092 **미사고의 숲** 로버트 홀드스톡 장편소설 | 김상훈 옮김 | 424면
093 **신곡** 단테 알리기에리 장편서사시 | 김운찬 옮김 | 전3권 | 각 292, 296, 328면
096 **교수** 샬럿 브론테 장편소설 | 배미영 옮김 | 368면
097 **노름꾼** 표도르 도스또예프스끼 장편소설 | 이재필 옮김 | 320면
098 **하워즈 엔드** E. M. 포스터 장편소설 | 고정아 옮김 | 512면
099 **최후의 유혹** 니코스 카잔차키스 장편소설 | 안정효 옮김 | 전2권 | 각 408면
101 **키리냐가** 마이크 레스닉 장편소설 | 최용준 옮김 | 464면
102 **바스커빌가의 개** 아서 코넌 도일 장편소설 | 조영학 옮김 | 264면
103 **버마 시절** 조지 오웰 장편소설 | 박경서 옮김 | 408면
104 **10 1/2장으로 쓴 세계 역사** 줄리언 반스 장편소설 | 신재실 옮김 | 464면
105 **죽음의 집의 기록** 표도르 도스또예프스끼 장편소설 | 이덕형 옮김 | 528면
106 **소유** 앤토니어 수전 바이어트 장편소설 | 윤희기 옮김 | 전2권 | 각 440, 488면
108 **미성년** 표도르 도스또예프스끼 장편소설 | 이상룡 옮김 | 전2권 | 각 512, 544면
110 **성 앙투안느의 유혹** 귀스타브 플로베르 희곡소설 | 김용은 옮김 | 584면
111 **밤으로의 긴 여로** 유진 오닐 희곡 | 강유나 옮김 | 240면
112 **마법사** 존 파울즈 장편소설 | 정영문 옮김 | 전2권 | 각 512, 552면
114 **스쩨빤치꼬보 마을 사람들** 표도르 도스또예프스끼 장편소설 | 변현태 옮김 | 416면
115 **플랑드르 거장의 그림** 아르투로 페레스 레베르테 장편소설 | 정창 옮김 | 512면
116 **분신** 표도르 도스또예프스끼 장편소설 | 석영중 옮김 | 288면
117 **가난한 사람들** 표도르 도스또예프스끼 장편소설 | 석영중 옮김 | 256면
118 **인형의 집** 헨리크 입센 희곡 | 김창화 옮김 | 272면
119 **영원한 남편** 표도르 도스또예프스끼 장편소설 | 정명자 외 옮김 | 448면
120 **알코올** 기욤 아폴리네르 시집 | 황현산 옮김 | 352면
121 **지하로부터의 수기** 표도르 도스또예프스끼 장편소설 | 계동준 옮김 | 256면
122 **어느 작가의 오후** 페터 한트케 중편소설 | 홍성광 옮김 | 160면

123 **아저씨의 꿈** 표도르 도스또예프스끼 장편소설 | 박종소 옮김 | 312면

124 **네또츠까 네즈바노바** 표도르 도스또예프스끼 장편소설 | 박재만 옮김 | 316면

125 **곤두박질** 마이클 프레인 장편소설 | 최용준 옮김 | 528면

126 **백야 외** 표도르 도스또예프스끼 소설선집 | 석영중 외 옮김 | 408면

127 **살라미나의 병사들** 하비에르 세르카스 장편소설 | 김창민 옮김 | 304면

128 **뻬쩨르부르그 연대기 외** 표도르 도스또예프스끼 소설선집 | 이항재 옮김 | 296면

129 **상처받은 사람들** 표도르 도스또예프스끼 장편소설 | 윤우섭 옮김 | 전2권 | 각 296, 392면

131 **악어 외** 표도르 도스또예프스끼 소설선집 | 박혜경 외 옮김 | 312면

132 **허클베리 핀의 모험** 마크 트웨인 장편소설 | 윤교찬 옮김 | 416면

133 **부활** 레프 똘스또이 장편소설 | 이대우 옮김 | 전2권 | 각 308, 416면

135 **보물섬** 로버트 루이스 스티븐슨 장편소설 | 머빈 피크 그림 | 최용준 옮김 | 360면

136 **천일야화** 앙투안 갈랑 엮음 | 임호경 옮김 | 전6권 | 각 336, 328, 372, 392, 344, 320면

142 **아버지와 아들** 이반 뚜르게네프 장편소설 | 이상원 옮김 | 328면

143 **오만과 편견** 제인 오스틴 장편소설 | 원유경 옮김 | 480면

144 **천로 역정** 존 버니언 우화소설 | 이동일 옮김 | 432면

145 **대주교에게 죽음이 오다** 윌라 캐더 장편소설 | 윤명옥 옮김 | 352면

146 **권력과 영광** 그레이엄 그린 장편소설 | 김연수 옮김 | 384면

147 **80일간의 세계 일주** 쥘 베른 장편소설 | 고정아 옮김 | 352면

148 **바람과 함께 사라지다** 마거릿 미첼 장편소설 | 안정효 옮김 | 전3권 | 각 616, 640, 640면

151 **기탄잘리** 라빈드라나트 타고르 시집 | 장경렬 옮김 | 224면

152 **도리언 그레이의 초상** 오스카 와일드 장편소설 | 윤희기 옮김 | 384면

153 **레우코와의 대화** 체사레 파베세 희곡소설 | 김운찬 옮김 | 280면

154 **햄릿** 윌리엄 셰익스피어 희곡 | 박우수 옮김 | 256면

155 **맥베스** 윌리엄 셰익스피어 희곡 | 권오숙 옮김 | 176면

156 **아들과 연인** 데이비드 허버트 로런스 장편소설 | 최희섭 옮김 | 전2권 | 464, 432면

158 **그리고 아무 말도 하지 않았다** 하인리히 뵐 장편소설 | 홍성광 옮김 | 272면

159 **미덕의 불운** 싸드 장편소설 | 이형식 옮김 | 248면

160 **프랑켄슈타인** 메리 W. 셸리 장편소설 | 오숙은 옮김 | 320면

161 **위대한 개츠비** 프랜시스 스콧 피츠제럴드 장편소설 | 한애경 옮김 | 280면

162 **아Q정전** 루쉰 중단편집 | 김태성 옮김 | 320면

163 **로빈슨 크루소** 대니얼 디포 장편소설 | 류경희 옮김 | 456면

164 **타임머신** 허버트 조지 웰스 소설선집 | 김석희 옮김 | 304면

165 **제인 에어** 샬럿 브론테 장편소설 | 이미선 옮김 | 전2권 | 각 392, 384면
167 **풀잎** 월트 휘트먼 시집 | 허현숙 옮김 | 280면
168 **표류자들의 집** 기예르모 로살레스 장편소설 | 최유정 옮김 | 216면
169 **배빗** 싱클레어 루이스 장편소설 | 이종인 옮김 | 520면
170 **이토록 긴 편지** 마리아마 바 장편소설 | 백선희 옮김 | 192면
171 **느릅나무 아래 욕망** 유진 오닐 희곡 | 손동호 옮김 | 168면
172 **이방인** 알베르 카뮈 장편소설 | 김예령 옮김 | 208면
173 **미라마르** 나기브 마푸즈 장편소설 | 허진 옮김 | 288면
174 **지킬 박사와 하이드 씨** 로버트 루이스 스티븐슨 소설선집 | 조영학 옮김 | 320면
175 **루진** 이반 뚜르게네프 장편소설 | 이항재 옮김 | 264면
176 **피그말리온** 조지 버나드 쇼 희곡 | 김소임 옮김 | 256면
177 **목로주점** 에밀 졸라 장편소설 | 유기환 옮김 | 전2권 | 각 336면
179 **엠마** 제인 오스틴 장편소설 | 이미애 옮김 | 전2권 | 각 336, 360면
181 **비숍 살인 사건** S. S. 밴 다인 장편소설 | 최인자 옮김 | 464면
182 **우신예찬** 에라스무스 풍자문 | 김남우 옮김 | 296면
183 **하자르 사전** 밀로라드 파비치 장편소설 | 신현철 옮김 | 488면
184 **테스** 토머스 하디 장편소설 | 김문숙 옮김 | 전2권 | 각 392, 336면
186 **투명 인간** 허버트 조지 웰스 장편소설 | 김석희 옮김 | 288면
187 **93년** 빅토르 위고 장편소설 | 이형식 옮김 | 전2권 | 각 288, 360면
189 **젊은 예술가의 초상** 제임스 조이스 장편소설 | 성은애 옮김 | 384면
190 **소네트집** 윌리엄 셰익스피어 연작시집 | 박우수 옮김 | 200면
191 **메뚜기의 날** 너새니얼 웨스트 장편소설 | 김진준 옮김 | 280면
192 **나사의 회전** 헨리 제임스 중편소설 | 이승은 옮김 | 256면
193 **오셀로** 윌리엄 셰익스피어 희곡 | 권오숙 옮김 | 216면
194 **소송** 프란츠 카프카 장편소설 | 김재혁 옮김 | 376면
195 **나의 안토니아** 윌라 캐더 장편소설 | 전경자 옮김 | 368면
196 **자성록** 마르쿠스 아우렐리우스 명상록 | 박민수 옮김 | 240면
197 **오레스테이아** 아이스킬로스 비극 | 두행숙 옮김 | 336면
198 **노인과 바다** 어니스트 헤밍웨이 소설선집 | 이종인 옮김 | 320면
199 **무기여 잘 있거라** 어니스트 헤밍웨이 장편소설 | 이종인 옮김 | 464면
200 **서푼짜리 오페라** 베르톨트 브레히트 희곡선집 | 이은희 옮김 | 320면
201 **리어 왕** 윌리엄 셰익스피어 희곡 | 박우수 옮김 | 224면

202 **주홍 글자** 너새니얼 호손 장편소설 | 곽영미 옮김 | 360면

203 **모히칸족의 최후** 제임스 페니모어 쿠퍼 장편소설 | 이나경 옮김 | 512면

204 **곤충 극장** 카렐 차페크 희곡선집 | 김선형 옮김 | 360면

205 **누구를 위하여 종은 울리나** 어니스트 헤밍웨이 장편소설 | 이종인 옮김 | 전2권 | 각 416, 400면

207 **타르튀프** 몰리에르 희곡선집 | 신은영 옮김 | 416면

208 **유토피아** 토머스 모어 소설 | 전경자 옮김 | 288면

209 **인간과 초인** 조지 버나드 쇼 희곡 | 이후지 옮김 | 320면

210 **페드르와 이폴리트** 장 라신 희곡 | 신정아 옮김 | 200면

211 **말테의 수기** 라이너 마리아 릴케 장편소설 | 안문영 옮김 | 320면

212 **등대로** 버지니아 울프 장편소설 | 최애리 옮김 | 328면

213 **개의 심장** 미하일 불가꼬프 중편소설집 | 정연호 옮김 | 352면

214 **모비 딕** 허먼 멜빌 장편소설 | 강수정 옮김 | 전2권 | 각 464, 488면

216 **더블린 사람들** 제임스 조이스 단편소설집 | 이강훈 옮김 | 336면

217 **마의 산** 토마스 만 장편소설 | 윤순식 옮김 | 전3권 | 각 496, 488, 512면

220 **비극의 탄생** 프리드리히 니체 | 김남우 옮김 | 320면

221 **위대한 유산** 찰스 디킨스 장편소설 | 류경희 옮김 | 전2권 | 각 432, 448면

223 **사람은 무엇으로 사는가** 레프 똘스또이 소설선집 | 윤새라 옮김 | 464면

224 **자살 클럽** 로버트 루이스 스티븐슨 소설선집 | 임종기 옮김 | 272면

225 **채털리 부인의 연인** 데이비드 허버트 로런스 장편소설 | 이미선 옮김 | 전2권 | 각 336, 328면

227 **데미안** 헤르만 헤세 장편소설 | 김인순 옮김 | 264면

228 **두이노의 비가** 라이너 마리아 릴케 시선집 | 손재준 옮김 | 504면

229 **페스트** 알베르 카뮈 장편소설 | 최윤주 옮김 | 432면

230 **여인의 초상** 헨리 제임스 장편소설 | 정상준 옮김 | 전2권 | 각 520, 544면

232 **성** 프란츠 카프카 장편소설 | 이재황 옮김 | 560면

233 **차라투스트라는 이렇게 말했다** 프리드리히 니체 산문시 | 김인순 옮김 | 464면

234 **노래의 책** 하인리히 하이네 시집 | 이재영 옮김 | 384면

235 **변신 이야기** 오비디우스 서사시 | 이종인 옮김 | 632면

236 **안나 까레니나** 레프 똘스또이 장편소설 | 이명현 옮김 | 전2권 | 각 800, 736면

238 **이반 일리치의 죽음·광인의 수기** 레프 똘스또이 중단편집 | 석영중·정지원 옮김 | 232면

239 **수레바퀴 아래서** 헤르만 헤세 장편소설 | 강명순 옮김 | 272면

240 **피터 팬** J. M. 배리 장편소설 | 최용준 옮김 | 272면

241 **정글 북** 러디어드 키플링 중단편집 | 오숙은 옮김 | 272면

242 **한여름 밤의 꿈** 윌리엄 셰익스피어 희곡 | 박우수 옮김 | 160면

243 **좁은 문** 앙드레 지드 장편소설 | 김화영 옮김 | 264면

244 **모리스** E. M. 포스터 장편소설 | 고정아 옮김 | 408면

245 **브라운 신부의 순진** 길버트 키스 체스터턴 단편집 | 이상원 옮김 | 336면

246 **각성** 케이트 쇼팽 장편소설 | 한애경 옮김 | 272면

247 **뷔히너 전집** 게오르크 뷔히너 지음 | 박종대 옮김 | 400면

248 **디미트리오스의 가면** 에릭 앰블러 장편소설 | 최용준 옮김 | 424면

249 **베르가모의 페스트 외** 옌스 페테르 야콥센 중단편 전집 | 박종대 옮김 | 208면

250 **폭풍우** 윌리엄 셰익스피어 희곡 | 박우수 옮김 | 176면

251 **어셴든, 영국 정보부 요원** 서머싯 몸 연작 소설집 | 이민아 옮김 | 416면

252 **기나긴 이별** 레이먼드 챈들러 장편소설 | 김진준 옮김 | 600면

253 **인도로 가는 길** E. M. 포스터 장편소설 | 민승남 옮김 | 552면

254 **올랜도** 버지니아 울프 장편소설 | 이미애 옮김 | 376면

255 **시지프 신화** 알베르 카뮈 지음 | 박언주 옮김 | 264면

256 **조지 오웰 산문선** 조지 오웰 지음 | 허진 옮김 | 424면

257 **로미오와 줄리엣** 윌리엄 셰익스피어 희곡 | 도해자 옮김 | 200면

258 **수용소군도** 알렉산드르 솔제니찐 기록문학 | 김학수 옮김 | 전6권 | 각 460면 내외

264 **스웨덴 기사** 레오 페루츠 장편소설 | 강명순 옮김 | 336면

265 **유리 열쇠** 대실 해밋 장편소설 | 홍성영 옮김 | 328면

266 **로드 짐** 조지프 콘래드 장편소설 | 최용준 옮김 | 608면

267 **푸코의 진자** 움베르토 에코 장편소설 | 이윤기 옮김 | 전3권 | 각 392, 384, 416면

270 **공포로의 여행** 에릭 앰블러 장편소설 | 최용준 옮김 | 376면

271 **심판의 날의 거장** 레오 페루츠 장편소설 | 신동화 옮김 | 264면

272 **에드거 앨런 포 단편선** 에드거 앨런 포 지음 | 김석희 옮김 | 392면

273 **수전노 외** 몰리에르 희곡선집 | 신정아 옮김 | 424면

274 **모파상 단편선** 기 드 모파상 지음 | 임미경 옮김 | 400면

275 **평범한 인생** 카렐 차페크 장편소설 | 송순섭 옮김 | 280면

276 **마음** 나쓰메 소세키 장편소설 | 양윤옥 옮김 | 344면

277 **인간 실격·사양** 다자이 오사무 소설집 | 김난주 옮김 | 336면

278 **작은 아씨들** 루이자 메이 올컷 장편소설 | 허진 옮김 | 전2권 | 각 408, 464면

280 **고함과 분노** 윌리엄 포크너 장편소설 | 윤교찬 옮김 | 520면

281 **신화의 시대** 토머스 불핀치 신화집 | 박중서 옮김 | 664면

282 **셜록 홈스의 모험** 아서 코넌 도일 단편집 | 오숙은 옮김 | 456면
283 **자기만의 방** 버지니아 울프 지음 | 공경희 옮김 | 216면
284 **지상의 양식·새 양식** 앙드레 지드 지음 | 최애영 옮김 | 360면

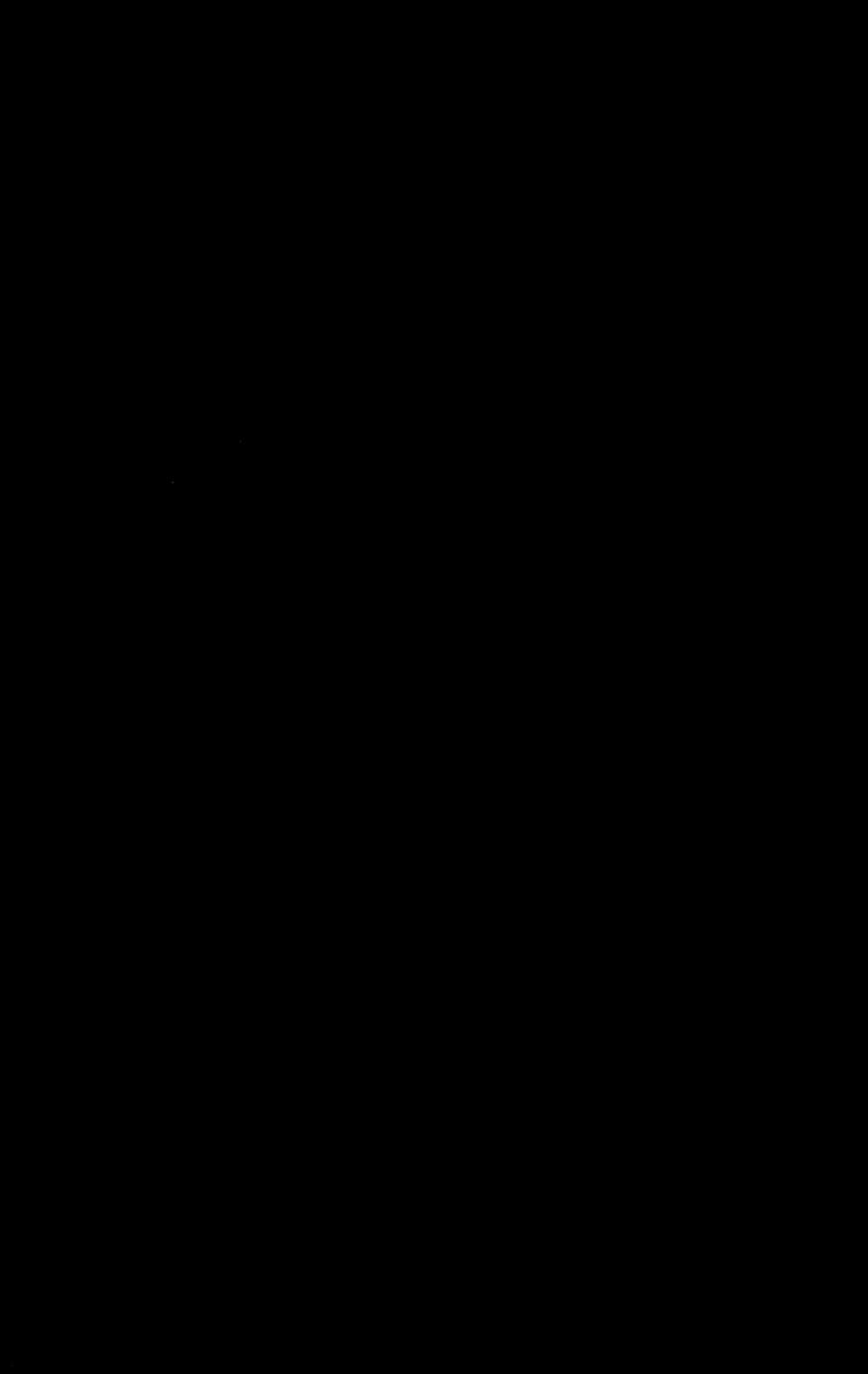